Ulrike Aufderheide

Rasen und Wiesen im naturnahen Garten

Ulrike Aufderheide

Rasen und Wiesen im naturnahen Garten

Neuanlage • Pflege • Gestaltungsideen

illustriert von Margret Schneevoigt

Inhalt

Kein Garten ohne Rasen?

Es gibt fast keinen Garten ohne Rasen und fast immer macht der Rasen Probleme. Da klagt der eine über zu viel Moos im Rasen, die andere über Erdhäufchen, Gänseblümchen oder Löwenzahn. Mähen, vertikutieren, aerifizieren, nachsäen, düngen: Ein Rasen macht Arbeit ohne Ende und erfordert teure Geräte. Im Gartenschuppen findet sich manchmal schon ein ganzer Fuhrpark.

Sie würden viel lieber Ihren Garten genießen, statt lärmende Geräte zu bedienen? Sie sind es leid, im Garten einen Intensivpatienten zu haben, der wie ein Schwerkranker ständig mit Tinkturen, Pülverchen und Geräten behandelt werden muss? Sie würden stattdessen gerne interessante Tiere in Ihrem Garten beobachten und einen Beitrag gegen den Artenschwund leisten?

Naturnahe Gärten bieten genau das. In ihnen werden einheimische Pflanzen verwendet, weil sich im Laufe der Evolution unsere Tiere und unsere Pflanzen aneinander angepasst haben, sodass sie nun zusammenpassen, so wie ein Schlüssel in ein Schloss passt. Wer einheimische Pflanzen auswählt, holt sich die dazu passenden Tiere gleich mit in den Garten. Damit eröffnen sich ganz neue Möglichkeiten, vor unserer Haustür Wildtiere wie Hummeln, Schmetterlinge oder Igel und pflegeleichte, dekorative Pflanzen wie Wiesensalbei, Storchschnabel oder Königskerze zu erleben. Naturgärtner leisten so gleichzeitig einen Beitrag zum Naturschutz im besiedelten Raum. Zusätzlich versuchen Naturgärtner auch, aus allen Funktionsflächen einen Lebensraum zu machen. Dächer, Wände, Wege, Plätze, Sitzbänke – all das können wir so bauen, dass nicht nur wir sie nutzen und uns an ihrer Schönheit freuen, sondern auch so, dass dort gleichzeitig Pflanzen und Tiere leben und beobachtet werden können.

In diesem Buch möchte ich zeigen, dass die meisten Rasenprobleme von selbst verschwinden, wenn wir statt »Monokulturen« mit nur wenigen Grasarten, die nach den Regeln der Intensivlandwirtschaft gepflegt werden, artenreiche Blumenkräuterrasen und Blumenwiesen in unseren Gärten anlegen. Rasenkrankheiten, Moosbekämpfung, Düngen, Vertikutieren, wöchentliches Rasenmähen, das alles wird der Vergangenheit angehören. Dafür werden Sie viele interessante Wildpflanzen kennenlernen und es werden liebenswerte Tiere in Ihren Garten einziehen, die um die Intensivpatienten Ihrer Nachbarn einen weiten Bogen machen.

Aber auch wenn Sie Ihren konventionellen Rasen (noch) nicht umwandeln wollen, werden Sie nach der Lektüre dieses Buches besser verstehen, warum und wie Rasenprobleme entstehen. Sie werden Lösungen finden, die auf chemische Pflanzenbehandlungsmittel und Kunstdünger verzichten.

Von Natur aus artenreich

Jenseits von Rasen, Rosen und Kirschlorbeer

Mein Garten – zwei Worte, und schon sehen wir paradiesische Bilder vor unserem inneren Auge. Blüten in den unterschiedlichsten Farben, bunt oder in harmonischen Farbklängen, grüne Wände und grüne Teppiche. Wir tragen wohl alle das ganz eigene Bild unseres Paradiesgärtleins in uns, das Bild unseres Traumgartens. Dies innere Bild des Gartens spiegelt wider, wie verschieden wir sind, es spiegelt unsere Individualität. Wenn wir uns umschauen, sehen wir aber das Gegenteil. Offensichtlich gibt es eine vorherrschende Konvention, wie ein Garten auszusehen hat, egal wie groß die Fläche ist, egal wer den Garten nutzt: Rasen in der Mitte, Hecken an den Rändern, ein oder mehrere Blumenbeete.»Rasen – Rosen – Kirschlorbeer«, so könnten wir die Gartenkonvention unserer Zeit überzeichnend nennen.

Eine solche Gartengestaltung hat fatale Effekte. Einer davon: Ein Garten mit einer zentralen Rasenfläche wirkt immer klein, egal, ob er 10, 100 oder 1000 Quadratmeter groß ist, denn der Blick findet auf der grünen Rasenfläche keinen Halt. Erst an den Grundstücksgrenzen, dort, wo die Hecken und vielleicht noch die Blumenbeete zu sehen sind, findet das Auge etwas Interessantes. Wenn ich aber immer nur die Grenzen sehe, wird der Garten immer klein wirken, selbst wenn ich die Rasenfläche vervielfachen könnte. Soll ein Garten groß und weit wirken, dann befinden sich im Inneren des Gartens Gestaltungselemente, die das Auge anziehen und halten. In einem gut gestalteten Garten sind die Grenzen undeutlich. Die Wege führen das Auge auf möglichst langen Strecken zu den Blickpunkten im Garten und darüber hinaus. Dieses Gestaltungsprinzip funktioniert auch in Minigärten. Nur bedeutet das dann meist den Verzicht auf Rasen.

Aber selbst kleinste Gärten werden nach dem Rasen-Rosen-Kirschlorbeer-Prinzip gestaltet. Die Gartenkonvention unserer Zeit scheint übermächtig zu sein.

Ein anspruchsvoll gestalteter Garten, besonders wenn er naturnah sein soll, ist meist schon daran zu erkennen, dass die Rasenflächen nicht die Hauptrolle im Zentrum des Gartens spielen. Und ist ein naturnaher Rasen nicht sowieso ein Widerspruch in sich? Steht das wiederholte Mähen nicht im Gegensatz zu einem achtsamen Umgang mit der Natur, der versucht, Pflanzen und Tieren direkt am Haus möglichst viel Raum zu schaffen, der Natur einen Teil davon zurückzugeben, was wir ihr durch den Hausbau genommen haben? Wäre also ein naturnaher Garten an der Abwesenheit von Rasen zu erkennen?

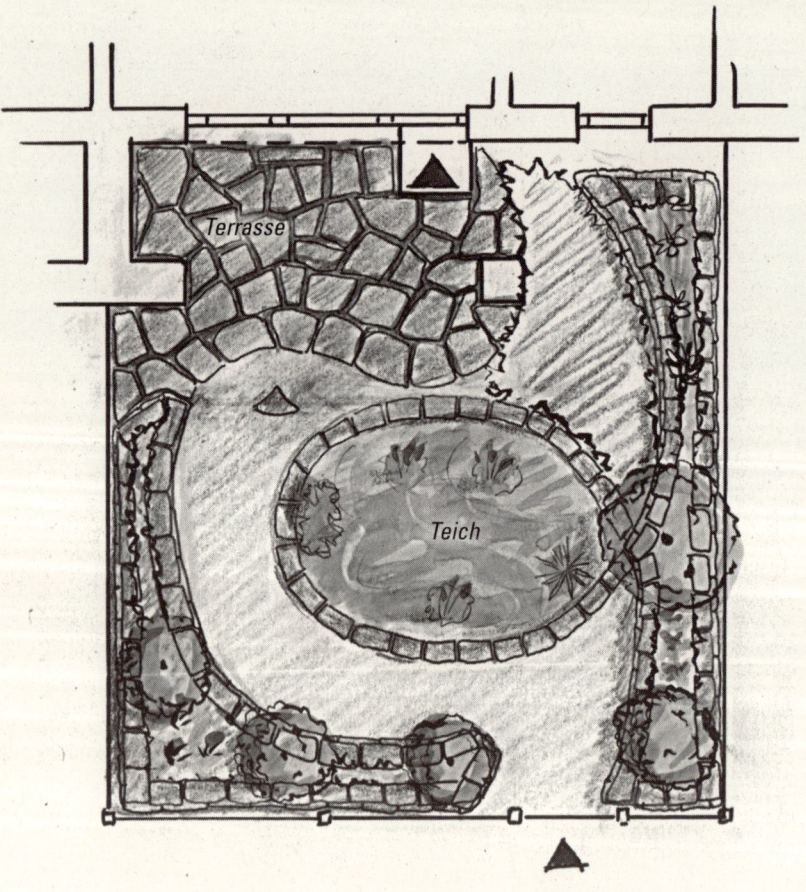

NaturErlebnisGarten in Zimmergröße (30 qm):
Die Rasenfläche wird durch einen kleinen Teich als Hingucker ersetzt.

Viele Naturgärtner halten aufgrund dieser Überlegungen Rasenflächen für ein Zugeständnis an die Gartenkonvention oder an die Ansprüche der Fußball spielenden Kinder. Der ideale Naturgarten braucht keinen Rasen – so lautet das Motto der Naturgartenfraktion.

Woher kommt aber dieses starke Bild, das beim Wort »Garten« bei den meisten Menschen eine Rasenfläche vor dem inneren Auge erscheinen lässt? Warum ziehen englische Parks mit ihren weiten Rasenflächen so viele Menschen an, während sich an französischen Gärten mit Schnitthecken und Blumenbeeten die Geister scheiden?

Rasenflächen sind keine naturentfremdete Modeerscheinung in der Gartengestaltung des Industrie- und Computerzeitalters. Menschen brauchen Weite und Geborgenheit, egal, ob sie sich in der Natur aufhalten oder ob sie sich in ihrem Garten wohlfühlen wollen. Und auch unsere Tier- und Pflanzenwelt braucht eine Mischung von bergenden Gehölzstrukturen und offenen, rasen- und wiesenartigen Flächen.

Landschaften, die reich an unterschiedlichen Vegetationsformen sind, wie markante Einzelbäume, Hecken und Strauchgruppen, Säume, Rasen und Wiesen, empfinden wir als angenehm. Die traditionelle bäuerliche Kulturlandschaft zeichnet sich durch diesen Strukturreichtum aus und ist die »schöne Landschaft« schlechthin. Gleichzeitig sind traditionelle Kulturlandschaften aber auch besonders artenreich.

Leider haben traditionell bewirtschaftete schöne Landschaften inzwischen Seltenheitswert. In den letzten fünfzig Jahren wurden sie »flurbereinigt« und sie mussten oft Baugebieten oder intensiver Landwirtschaft weichen. Reste stehen unter Natur- oder Landschaftsschutz. Hier suchen wir Erholung im Urlaub oder bei Tagesausflügen.

Ehrenrettung für den Rasen: Rasen als natürlicher Lebensraum

Die Alpen sind eines der bevorzugten Feriengebiete Europas, beim Wandern in den Bergen finden wir Erholung. Wir genießen den Duft der Tannen und Alpenrosen, die klare Luft, die weite Sicht. Das Läuten der Kuhglocken auf den Almen ist für viele gleichbedeutend mit

Urlaub. Almen sind ein gutes Beispiel dafür, dass traditionelle Kulturlandschaften sehr artenreich sind, dass sie uns ästhetisch ansprechen, gerade weil wir hier Rasen finden.

Rasen im ursprünglichen Sinne ist mehr als nur kurz geschnittenes Gras auf einer Fläche, die einmal in der Woche mit dem Rasenmäher gepflegt werden muss. Auch auf den Weiden der Almen findet sich, solange Vieh darauf grast, ein kurz gehaltender Bewuchs. Er besteht allerdings nicht nur aus Gräsern, sondern auch aus Kräutern. Im Gegensatz zu den Rasenflächen unserer Gärten ist er auch nicht überall gleich hoch, weil das Vieh zwar ständig, dafür aber an verschiedenen Stellen weidet. Wo selten geweidet wird, zum Beispiel in der Nähe von Dornbüschen, kommen Gräser und Kräuter zur Blüte, Säume entstehen. Manche Kräuter werden auch gar nicht gefressen, weil sie den Tieren nicht schmecken oder unbekömmliche Inhaltsstoffe haben. Sie können deshalb auf der gesamten Fläche blühen. Dazu gehören Thymian, Arnika, Hauhechel und Disteln.

Eine beweidete Fläche ähnelt tatsächlich einem Rasen, weil sie regelmäßig kurz gehalten wird. Biologen bezeichnen sogar alle Flächen mit niedrigem Bewuchs aus Kräutern, Gräsern und Zwerggehölzen als Rasen, auch wenn dort gar nicht geweidet wird, beispielsweise auf den Felsbandrasen.

Aber auch wenn wir den Blick wieder weiten und die Almlandschaft als solche betrachten, dann wirken Weiden wie die Rasenflächen eines Gartens oder eines Parks. Im Grunde finden wir auf einer Alm alles, was auch einen vollständigen Garten ausmacht: Bäume, Büsche, Blumen und Rasen, weiten Blick und geborgene Fleckchen unter Bäumen.

Leider werden die Almen mit ihren blütenreichen Wiesen und Weiden immer kleiner an Fläche. Die Bewirtschaftung der Almen lohnt sich wirtschaftlich nur noch durch die Förderung durch die Europäische Union und auch das nicht für alle Bauern. So werden immer mehr Almen aufgegeben, die einst blütenreichen Weiden verbrachen, Baumsämlinge kommen auf und Wald entsteht.

In einigen Mittelgebirgslandschaften ist diese Entwicklung schon sehr weit fortgeschritten: Wenn wir die lieblichen Schwarzwaldtäler, die rauen Ebenen der Eifel oder die dramatischen Felsformationen der Sächsischen Schweiz, die die Künstler vergangener Zeiten malten, heute suchen, dann finden wir oft dunkle Wälder und Forste. Immer ist die Bewaldung einst offener Landschaften mit der Aufgabe der traditionellen Bewirtschaftung verbunden. Wenn Nutztiere aus schwer zu bewirtschaftenden Grenzertragsstandorten verschwinden, wenn keine Rinder, Pferde, Schafe, Ziegen und Gänse mehr grasen, dann verschwindet zumeist der weite Blick in die Landschaft, dann verschwinden die Weiderasen.

Die Naturgeschichte der Rasen und Wiesen

Es ist doch erstaunlich, dass die halboffenen Landschaften mit ihren Rasen und Wiesen so artenreich sind. Denn sie sind ja anscheinend alles andere als »natürlich«. Sie sind abhängig von einer bestimmten Bewirtschaftung, sie können nur existieren, wenn Menschen das Land bearbeiten, wenn Tiere Flächen beweiden und wenn auf Wiesen Winterfutter produziert werden muss. Müsste nicht eigentlich die Landschaft, die entsteht, wenn der Mensch überhaupt keinen Einfluss mehr nimmt, besonders artenreich sein? Denn während die meisten Tier- und Pflanzenarten, die heute bei uns existieren, seit Hunderttausenden oder sogar Millionen von Jahren in Europa leben, gibt es Menschen und ihre Einflüsse auf die Landschaft erst seit einigen hunderttausend Jahren. Homo sapiens, unsere Menschenart, gibt es in Europa sogar erst seit 40 000 Jahren.

Die Antwort auf diese Frage wird deutlich, wenn wir die Tierwelt betrachten, unter deren Einfluss sich die Pflanzenarten, die wir heute bei uns finden, entwickelt haben. Nehmen wir zum Beispiel unsere Eichenarten. Es gibt sie seit 13 Millionen Jahren. Wenn wir uns anschauen, mit welchen Tierarten die Eichen zusammen in Europa vorkamen, dann verstehen wir unmittelbar, warum halboffene Landschaften mit ihren Rasen so artenreich sind. Die letzten zehntausend Jahre ausgenommen, lebten immer große Pflanzenfresser in Europa. Elefanten, Wildrinder, Wildpferde, zeitweise sogar Flusspferde und Nashörner weideten zwischen Eichen, Linden und Ahornbäumen. Unser Erdzeitalter, das Quartär, kann geradezu als das Erdzeitalter der Gräser, Wiesen und Rasen bezeichnet werden. Die vergangenen zwei Millionen Jahre sind geprägt durch einen Wechsel von Kaltzeiten und Warmzeiten, wobei die Kaltzeiten viel länger dauerten als die Warmzeiten. Nur in den Warmzeiten gab es die klimatischen Voraussetzungen für das Gedeihen von Bäumen, konnten Wälder entstehen. Zumeist war Mitteleuropa aber von Kältesteppen geprägt. Über diese grasreichen Kältesteppen zogen die Herden der Mammute, Wollnashörner, Riesenhirsche, Rentiere und anderen Grasfresser.

Aber auch in den Warmzeiten gab es große Weidetiere: Waldelefanten, Nashörner, Damhirsche. Flächen, die bevorzugt beweidet wurden, entwickelten sich, wenn sie besonders oft beweidet wurden, zu Rasen, oder wenn die Herden dort nur selten fraßen, zu höherwüchsigen Säumen und Gebüschen. Wo gar nicht geweidet wurde, entstanden Baumgruppen und Wälder. Über die gesamte Zeit unseres Erdzeitalters betrachtet, ist Europa ein Kontinent der offenen und halboffenen Landschaften.

Am Ende der letzten Eiszeit starben fast alle großen Pflanzenfresser aus. Damit brach für etwa 5000 Jahre eine Zeit an, in der es vermutlich nur wenige Grasfluren in Mitteleuropa gab. Nur noch wenige Arten wie Wildpferde, Auerochsen, Elche, Rehe, Hirsche und Biber konnten die Bewaldung von offenen Flächen verhindern.

Mit der Einführung des Ackerbaus vor 7000 Jahren änderte sich wieder das Landschaftsbild: Wälder wurden gerodet, um Ackerflächen für Getreide und andere Feldfrüchte zu gewinnen. Auf den Flächen außerhalb der Felder weideten jetzt Kühe, Pferde, Schafe, Gänse und Ziegen. Es gibt gute Gründe anzunehmen, dass die Kulturlandschaft, die damals entstand, der ursprünglichen mitteleuropäischen Naturlandschaft einer Warmzeit, die Wildtierherden ernährte, nicht unähnlich war. Deshalb sind traditionelle Kulturlandschaften auch so artenreich: Sie bieten Biotope, die von Artengemeinschaften besiedelt werden können, die sich über Hunderttausende, ja Millionen von Jahren entwickelt haben.

Wir finden solche Landschaften heute noch dort, wo sich Kühe und Pferde auf großen Flächen frei bewegen dürfen, wo wegen der geringen Besatzdichte auch Bäume und Sträucher wachsen können. Das sind vor allem die Almen in den Alpen und einige andere, meist unter

Traditionell bewirtschaftete Kulturlandschaften mit Wiesen, Bäumen und Sträuchern werden als besonders schön empfunden. Solche halboffenen Landschaften entstehen auch ohne Mäher und Motorsäge dort, wo sich Weidetiere auf großen Flächen frei bewegen können.

Naturschutz gestellte große Weidegebiete, die von mehreren Hofstellen genutzt werden, sogenannte Allmende- oder Hudeweiden. Reste dieser gemeinschaftlich genutzten Weiden, die bis zum 18. Jahrhundert in Mitteleuropa eine verbreitete Wirtschaftsform waren, sind zum Beispiel die Weidfelder im Südschwarzwald oder das Borkener Paradies in Norddeutschland.

Kleine Kulturgeschichte des Rasens

Der Anfang war naturnah

Der Englische Garten in München: ein weiter Blick über Hügel und Täler. Wasserflächen, Gruppen von Bäumen und Sträuchern, markante, einzeln stehende Baumgestalten. Auf den Rasenflächen, wo im Sommer die Sonnenanbeter lagern, grasen im Herbst und Winter Graugänse.

15

Englischer Garten in München. Über diesen Blick sagte Werner Heisenberg im Jahr 1958 anlässlich des achthundertsten Stadtgeburtstags: »der Blick vom Monopteros über die blumenübersäten Wiesen des Englischen Gartens bis zur Frauenkirche«. Heute finden sich hier eher artenarme Strapazierrasen. Im Nordteil des Englischen Garten werden die Flächen von Schafen beweidet. Dort kann man die blumenübersäten Flächen noch finden.

Ende des 18. Jahrhunderts wurde der Englische Garten von Friedrich Ludwig von Sckell geplant und gebaut. Die Anlage war einer der ersten öffentlich zugänglichen Parks in Europa. Die Gestaltung der Gärten und Parks als »Landschaftsgärten« entstand zuerst in England. Der englische Gartenstil ist ein Kind der Umbrüche am Ende des 18. Jahrhunderts und spiegelt sie gleichzeitig wider.

Die Aufklärung entdeckte die Würde und das Recht des Individuums und begründete dies aus der Natur des Menschen. Damit war aber auch das Recht und die Würde der Natur an sich und die Schönheit der Landschaft in den Blickpunkt gerückt worden. Die Landschaftsmalerei als eigene Kunstgattung blühte auf. Wenn wir solche Landschaftsbilder heute betrachten, sehen wir naturnahe, traditionelle, beweidete Kulturlandschaften. Interessant ist, dass die Landschaftsmalerei in dem Moment entstand, als eine radikale Veränderung der Landschaften Mitteleuropas einsetzte. Mit der sogenannten »Markenteilung« wurden nach und nach die Allmenden, die gemeinschaftlich genutzten Weiden, aufgelöst. Der Landbesitz wurde nun einzelnen Individuen zugesprochen. Die in der freien Landschaft weidenden Viehherden verschwanden, die Waldweide wurde verboten. Zu dieser Zeit erst entstand die Trennung zwischen Landwirtschaft und Forstwirtschaft. Die uns heute so geläufige Unterscheidung von Wald und Feld ist damit kaum mehr als zweihundert Jahre alt.

Aber die Landschaftsmaler hielten sie noch fest, die weiten Blicke, Gebüsche und markanten Einzelbäume, wie sie nur auf großen beweideten Flächen entstehen können. Und die Landschaftsgärtner versuchten, solche Bilder in Gärten und Parks Wirklichkeit werden zu lassen. Sie imitierten die traditionelle Kulturlandschaft – und damit auch unwissentlich die europäische Naturlandschaft – in dem Moment, als die Verarmung der Biodiversität begann.

Dabei war der englische Landschaftsgarten mit seinen weiten Rasenflächen eine bewusste Gegenbewegung zur Gartenkultur des Barocks und des Rokokos. Diese sogenannten französischen Gärten waren als dekorative Fortsetzung des Schlosses geplant worden, die Muster ihrer Beete ähnelten denen der Teppiche und Wanddekorationen im Schloss. Die Gartengestalter nutzten farbige Sande und Kiese genauso wie Blumen als »Farben«, mit denen sie die Felder füllten, die meist durch Buchshecken eingefasst waren, so als würden sie diese ausmalen. Natürlich war auch Grün eine beliebte Farbe. Um Flächen grün »auszumalen« wurden Rasen angelegt, die mit der Sense kurz gehalten wurden. Der Gartenbereich in unmittelbarer Nähe zum Schloss, in dem die Rasenflächen vorherrschten, hieß *Parterre à l'angloise*.

Die Gärten des Barocks und Rokokos dienten dazu, die herausgehobene Stellung des Schlossbesitzers als Herrscher zu unterstreichen. Die englischen Landschaftsgärten sollten dagegen die Schönheit der Natur erlebbar machen und sie zugleich überhöhen.

Auf den Rasen und Wiesenflächen der englischen Gärten und Parks weideten Nutztiere, vor allem Schafe. Dies hatte zwei Gründe: Einmal war es zu aufwendig, alle Flächen mit der Sense zu mähen. Zum anderen verstanden sich die Erbauer der Parks nicht nur als Landbesitzer, sondern auch als Landgestalter und Verbesserer der Landwirtschaft. In der Regel wurden nur die Rasenflächen in der Nähe des Wohnhauses regelmäßig mit der Sense gemäht, um ein gleichmäßiges Erscheinungsbild zu erreichen.

Die ursprüngliche Abstammung des englischen Rasens von Weideflächen ist nicht nur theoretischer Natur, sondern auch ganz real: Wenn eine Rasenfläche neu angelegt werden sollte, wurden Rasensoden von Weideflächen (nicht von Mähwiesen) abgestochen und auf einer vegetationsfreien Fläche ausgelegt. Um die vorher auf der Fläche wachsenden Pflanzen zu vernichten, wurde der Boden sogar mit kochend heißem Wasser begossen.

Die andere damals zur Verfügung stehende Technik, die Aussaat von Heublumen – samenhaltiges Material, das in einem Heulager auf dem Boden zusammengefegt werden kann –, war eine Technik, von der in den Ratgebern der damaligen Zeit abgeraten wurde. Nur Rasensoden von Weiden würden die angestrebte dichte Narbe ergeben.

Genauso waren wohl auch in den Zeiten vor der Aufklärung die weniger stilprägenden Rasenflächen in den Gärten des Mittelalters, Barocks und Rokokos angelegt worden: Man stach auf Viehweiden Rasensoden aus und legte sie auf gut vorbereiteten, unkrautfreien Böden aus, walzte die Flächen, wässerte sie und schnitt sie regelmäßig mit der Sense. Wobei die Weiden der damaligen Zeit eher mager und kräuterreich waren, sie hatten nichts mit den dichten, dunkelgrünen, fetten Löwenzahn-Weidelgras-Flächen zu tun, auf denen heutzutage das Vieh in der Regel weidet.

Auf mittelalterlichen Gemälden können wir solche Rasenflächen manchmal im Hintergrund erkennen und wir sehen zu unserer Überraschung: Sie sind übersät mit Blumen. Auf dem Bild »Maria mit dem Kind vor der Rasenbank« von Stephan Lochner aus dem Jahr 1440 (in der Alten Pinakothek in München, ganz in der Nähe des Englischen Gartens zu sehen) machen viele Blumen – zumeist Mariensymbolpflanzen wie Margeriten, Primeln, Nelken, Wegerich, Löwenzahn, aber auch Erdbeeren – aus der Rasenfläche einen Blütenteppich. Auch der englische Dichter Geoffrey Chaucer (1343 – 1400) schrieb in »The Legend of Good Women«: »das …, weiche, süße Gras, mit Blumen herrlich bestickt, die voller Süße und Duft waren, …«

Wenn wir Rasensoden sehen wollen, wie sie früher zur Anlage von Rasen benutzt wurden, können wir Albrecht Dürers Aquarell »Das große Rasenstück« aus dem Jahre 1503 betrachten und bekommen eine ungefähre Ahnung, wie blütenreich die Rasen früher waren.

Mit dem Blütenreichtum und der Beweidung blieb den Landschaftsgärten natürlich auch ein Großteil der biologischen Vielfalt der traditionellen Kulturlandschaft erhalten. Der Kot der Weidetiere ist die Grundlage ganzer Nahrungsketten. Extensiv bewirtschaftete Weiden sind damals wie heute übersät mit blühenden Kräutern wie Margerite, Kleines Habichtskraut, Oregano, Wiesensalbei, Hahnenfuß, Thymian, Sonnenröschen, Braunelle und Fingerkraut. Damit ist die Nahrungsgrundlage für eine vielfältige Insektenfauna gegeben, die wiederum weitere Tierarten ernährt. So gab es im Englischen Garten in München etliche Lachseeschwalben, eine heute äußerst selten gewordene Seeschwalbenart, die sich von großen Insekten, Reptilien und Kleinsäugern ernährt.

Der Nordteil des Englischen Gartens in München wird inzwischen wieder von einer Schafherde gepflegt, und es ist erstaunlich, wie artenreich diese Flächen sind. Hier blühen Wiesenmargeriten, Wiesenflockenblumen, Wiesenwitwenblumen, Skabiosenflockenblumen, Rundblättrige Glockenblumen, Karthäusernelken und Herbstzeitlosen.

Eine Frage bleibt noch zu beantworten: Warum gefällt uns die traditionelle Kulturlandschaft mit ihren Rasen, Wiesen, Blumen, Sträuchern und Bäumen so sehr? Warum finden wir nur Landschaften und Gärten schön, die beides bieten: Geborgenheit und Weite? Die Antwort liegt wohl in der Evolution des Menschen: Die Menschheit entstand in Afrika in einer halboffenen beweideten Landschaft. An diesen Landschaftstyp sind wir angepasst. Im dichten, dunklen Wald fehlt uns der weite Blick, hier fühlen wir uns bedroht. In der weiten, baumlosen Steppe fühlen wir uns ausgesetzt und einsam. Auch die so naturferne Gartengestaltung mit Rasen, Rosen und Kirschlorbeer hat also erstaunlicherweise ihren Ursprung in der Evolution des Menschen. Denn auch hier bietet die Kirschlorbeerhecke Geborgenheit und der Rasen Weite. Das artenreiche Vor-Bild ist gewissermaßen seiner Naturausstattung entkleidet und nur noch als Rudiment vorhanden. Wenn wir uns einen artenreichen naturnahen Garten mit einer Grünfläche, die das Auge schweifen lässt, wünschen, dann ist es am besten, in der freien Landschaft nach Vorbildern für Rasen und Blumenwiesen zu suchen und von ihnen zu lernen (siehe dazu auch Seite 27).

Erfindung des Rasenmähers 1830: Beginn der Rasentechnik

Das 19. Jahrhundert, das Jahrhundert der Industrialisierung: Maschinen lösen die Handarbeit ab. Die industrielle Revolution beginnt in England und erfasst zuerst die Textilindustrie. Edwin Beard Budding, ein englischer Ingenieur, sieht in einer Tuchfabrik eine Maschine, die abstehende Fasern vom fertig gewebten Tuch abschneidet. Er erkennt, dass man mit einer ähnlichen Messerspindel auch Gräser schneiden kann: 1830 ist das Geburtsjahr des Rasenmähers.

Die ersten Rasenmäher waren allerdings riesige Ungetüme, die nicht von einem Menschen bewegt werden konnten. Meist wurden sie von einem Pony gezogen. An den Hufen des Ponys wurden dafür dann spezielle »Schuhe« befestigt, damit es keine Trittspuren hinterließ.

Historische Abbildung eines Rasenmähers aus dem 19. Jahrhundert.

Aber bald wurden auch kleinere Geräte produziert, die von einer Person bedient werden konnten. Seit Beginn des 20. Jahrhunderts wurden diese Handrasenmäher auch in Deutschland produziert. Nun waren weder Schafherden noch Gärtner mit Sensen die Voraussetzung für einen »lawn« im eigenen Garten. Erstaunlich, dass die Rasenfläche, die für uns heute so selbstverständlich in jeden Garten gehört, eigentlich erst seit 150 Jahren möglich ist.

Rasen heute: das Ideal vom grünen Teppich

Das Vorbild für den Rasenmäher kommt aus der Textilindustrie und das Gartenelement, das von ihm bearbeitet wird, damit zum technischen Produkt: Wie ein Teppich oder ein Samtstoff sollten die Grashalme dieselbe Höhe haben, die angestrebte Farbe war (und ist) ein einheitliches Grün.

Dank der Erfindung des Rasenmähers sind heute weder Schafe nötig noch Angestellte, die früh morgens, wenn das Gras noch feucht ist, mit viel Können eine Grasfläche gleichmäßig sensen können, um einen Rasen zu pflegen. Die moderne »Mahd« kann erfolgen, wenn die tägliche oder wöchentliche Arbeit getan ist, und es braucht auch kein handwerkliches Können. Damit ist der Rasen ein für jeden erschwingliches Gartenelement geworden. Die Qualität des Rasens erscheint abhängig von der Qualität der eingesetzten Maschinen und der Qualität der Mittel, mit denen er behandelt wird. Ein ganzer Industriezweig setzt heute dazu Standards für das Aussehen des idealen Rasens und verkauft Maschinen und Mittelchen, mit deren Hilfe diese zu erreichen sind.

Das heutige Idealbild eines Rasens gleicht noch immer einem Teppich: eine glatte Fläche mit gleichmäßiger, weicher, dichter Struktur und Farbe. Wie anders sind dagegen die natürlichen Rasenflächen: bunt und vielfältig in der Struktur. So weit von ihrem natürlichen Vorbild entfernt, kann der Teppichrasen nur durch vielfältige Eingriffe erhalten werden. Denn eigentlich ist eine offene Fläche ja ein Lebensraum für viele Pflanzen und Tiere und diese werden immer wieder versuchen, diese Fläche zu besiedeln. Weil sie aber nicht in das Ideal des gleichförmigen Teppichs passen, sind sie unerwünscht, werden von uns als Unkräuter und Schädlinge bezeichnet. Ähnlich einer Monokultur besteht der moderne, konventionelle Rasen aus nur wenigen Rasengräsern und ist damit weit von natürlichen Pflanzengemeinschaften und ihren Regelungsmechanismen entfernt. Die Spuren der Nutzer der wenigen verbliebenen Pflanzenarten werden nur deshalb sichtbar, weil sie im Schlaraffenland leben: Der Weg zur nächsten Futterpflanze ist kurz, die natürlichen Feinde sind fern. Pflanzennutzer wie Schmetterlingsraupen, Drahtwürmer und Engerlinge können deshalb das Erscheinungsbild des Rasens verändern und sie werden damit zu einem Problem. In einem artenreichen Rasen würde ihre Anwesenheit in den meisten Fällen gar nicht auffallen. Das beste Beispiel für diese ästhetische Empfindlichkeit des Teppichrasenideals ist vielleicht, dass zuweilen sogar Regenwürmer als Schädlinge betrachtet werden, weil ihre Ausscheidungen (Kothäufchen) das gleichmäßige Bild verunstalten oder auf Golfrasen den gleichmäßigen Lauf des Golfballes verhindern. Hier bedauern die Rasenbesitzer und -pfleger, dass hierzulande keine Mittel gegen Regenwürmer zugelassen sind. Es wird sogar empfohlen, alles Schnittgut sofort zu entfernen, damit die Regenwürmer keine Nahrung finden.

Dabei gibt es keinen besseren organischen Dünger als Regenwurmkot und keine besseren Bodenlockerer und Bodenbelüfter als die Regenwürmer. Durch ihre Ausscheidungen entstehen die für die Bodenfruchtbarkeit so wichtigen Ton-Humus-Komplexe, die für eine hohe Aufnahmefähigkeit von Nährstoffen und Wasser sorgen. An ihnen leben unzählige Kleinstlebewesen, die für ein gesundes Bodenleben nötig sind.

Wir haben jetzt die Achillesferse des modernen Rasens entdeckt. Artenarmut und das Gleichmäßigkeitsideal können nur durch vielfältige Eingriffe erreicht und erhalten werden: Wenn die Gräser regelmäßig gemäht werden und das Schnittgut entfernt wird, dann gleicht die Bewirtschaftung einem Acker, auf dem regelmäßig, einmal in der Woche geerntet wird. Um den Nährstoffentzug auszugleichen, muss gedüngt werden. Wenn mit mineralischem Dünger gedüngt wird, dann wird das durch den ständigen Entzug von organischer Masse bereits verarmte Bodenleben noch weiter geschädigt. Verhärtung und Verdichtung der Bodenstruktur sind die Folgen. Dies macht die Rasengräser einerseits empfindlicher gegenüber Pilzerkrankungen, andererseits führt es zu Staunässe, vor allem im Winter. Durch Staunässe wiederum wird die Moosbildung in der feuchten Jahreszeit gefördert, was den Einsatz von Moosvernichtern im Frühjahr nach sich zieht. Gänseblümchen, Ehrenpreis und Löwenzahn, die auf diesen Flächen noch wachsen können, wird mit Herbiziden der Garaus gemacht. Dies bewirkt dann eine weitere Verarmung des Bodenlebens.

Leider ist kaum bekannt, dass das Risiko für die Anwender von Bioziden, zu denen die Unkrautvernichter zählen, nicht unerheblich ist. So wurden immer wieder Hinweise gefunden, dass Unkrautvernichter, insbesondere in Kombination mit anderen chemischen Stoffen, hormonähnliche Wirkungen auf Mensch und Tier haben oder an der Entstehung von Krebs beteiligt sein können. Bei Untersuchungen der Sicherheit von Umweltchemikalien werden nur die Reinstoffe untersucht, nicht aber die Kombinationen, die bei der Anwendung entstehen können.

An einem sonnigen Samstagnachmittag in einer Reihenhaussiedlung fühlt man sich manchmal tatsächlich wie in einer Textilfabrik. Das Brummen und Knattern der unterschiedlichen Rasenmähertypen und anderen Gartengeräte lässt keine Entspannung aufkommen. Die Lärmgrenzwerte für Rasenmäher liegen weit über den Lärmgrenzwerten, ab denen ein Arbeitgeber den Arbeitsbereich als verlärmt kennzeichnen und für Gehörschutz sorgen muss. Ein Rasenmäher mit Zweitaktmotor produziert so viele Abgase wie ein Auto in den 1930er-Jahren. Warum aber gelten für Rasenmäher und andere Gartengeräte so viel schwächere Umweltregeln? Das liegt vielleicht daran, dass es sich hier nicht um Arbeit, sondern um ein Freizeitvergnügen handelt, es vielen schlicht Spaß macht, den Rasen zu mähen, dass es mit Befriedigung erfüllt, wenn die ungeordneten Grashalme unter der Maschine verschwinden und eine wohlgeschorene Rasenfläche darunter hervorkommt. Jeder kann hören und sehen, dass hier jemand erfolgreich arbeitet und seine Welt im Griff hat. Der Traum vieler Rasenbesitzer, sofern der Garten nicht nur Handtuchgröße hat, ist der Aufsitzmäher, ein richtiger kleiner Traktor.

23

Rasen als Auslegware: Rollrasen

Das neue Haus ist bezogen, die Einrichtung ist gekauft, nur der Garten ist noch eine Schlammwüste. Was liegt da näher, als draußen genauso zu bauen wie im Haus? Der Bodenbelag und das Mobiliar wird ausgesucht, ein Gärtner wird beauftragt. Er verlegt Terrassenplatten, pflanzt Gehölze an der Grundstücksgrenze und verlegt Rollrasen auf der übrigen Fläche – fertig ist der Garten. Beim Rollrasen ist die Ähnlichkeit zwischen Rasen und Teppich offensichtlich und reicht bis in die Lieferform und Verlegetechnik.

Auf unseren Sportplätzen geht der Trend teilweise noch weiter. Hier wird zunehmend Kunstrasen eingesetzt, die Entwicklung von einem artenreichen Biotop zum leblosen technischen Produkt scheint an ihrem Endpunkt angekommen zu sein.

Glücklicherweise zeichnet sich aber auch wieder ein gegenläufiger Trend ab: Immer mehr Gartenbesitzer legen Wert auf eine naturnahe Gartengestaltung und für ungeduldige Zeitgenossen wird inzwischen auch Blumenrollrasen angeboten.

Rasen oder Wiese: Wo liegt der Unterschied?

Seit Jahrmillionen weiden in Europa Tiere auf rasenartigen Flächen – vielleicht mit einer kurzen Unterbrechung von wenigen tausend Jahren nach der letzten Eiszeit – und erhalten damit halboffene Weidelandschaften. Es gab also immer schon Mosaike aus höherwüchsigen oder auch regelmäßig kurz gehaltenen Gräser- und Kräuterbeständen. Europa ist ein Kontinent der Grasfluren.

Die Rasen unserer Gärten und Parks sind sowohl in ihrer Entstehung als auch in ihrer Artenzusammensetzung Nachfolger und Abkömmlinge dieser Weiderasen. Sie zeichnen sich dadurch aus, dass sie regelmäßig gemäht werden, was für die Lebensgemeinschaft dieser Flächen die Beweidung ersetzt. Aber auch in ihrer Belastbarkeit entsprechen die Rasenflächen den Weiden: Wie die Hufe der Weidetiere verdichten auch unsere Füße den Boden oberflächlich. Ein Rasen muss tragfähig sein, sonst können wir ihn nicht zum Ballspielen oder als Liegewiese nutzen.

Im Porträt: Glatthafer
(Arrhenatherum elatius)

Das namensgebende Gras der Glatthaferwiesen kann recht hoch (bis 1,50 Meter)
werden, vor allem wenn der Boden gut mit Nährstoffen versorgt ist. Als beliebte und ertragreiche
Futterpflanze wurde die Pflege der Heuwiesen des
Tieflandes auf dieses Gras abgestellt, denn Glatthafer
bringt auch auf trockeneren und ungedüngten Böden
noch guten Ertrag. Zusammen mit anderen hohen
Gräsern wie Wiesenfuchsschwanz, Knaulgras, Wiesenlieschgras, Flaumhafer und Goldhafer gehört er zu den
Obergräsern, die das Rückgrat der Wiese aus-
machen. Ihre Gestalt erinnert an Getrei-
dearten. Häufigere Mahd, Beweidung
oder eine Bewirtschaftung vor Mitte Juni
verträgt der Glatthafer nicht. An selten gemähten Straßenrändern bildet er oft prächtige Bestände,
die im Spätsommer hellbraun leuchten.

In kleinen Gärten wirkt er in Blumenwiesen oft überdi-
mensioniert, daher enthalten viele Blumenwiesenmischungen keinen
Glatthafer. Untergräser wie Wiesenrispengras, Wiesenschwingel, Ruchgras oder Kammgras übernehmen in den Gartenwiesen oft die Funktion der Obergräser der Heuwiesen der Landschaft.

Wert für Tiere: Auch wenn wir Insekten hauptsächlich auf den Blüten der von ihnen bestäubten Kräuter beobachten können, so werden
auch die windbestäubten Gräser von einer Vielzahl von Tieren genutzt.
Die Raupen zahlreicher Schmetterlinge leben auf Gräsern, auch auf
Glatthafer. Das sind zum Beispiel das Waldbrettspiel, der Schachbrett-
falter sowie verschiedene Dickkopf- und Augenfalter.

Blumenwiesen dagegen sind ein Spezialfall. Diese nur wenige Male im Jahr gemähten Flächen gibt es tatsächlich erst seit wenigen hundert Jahren. Denn wie in der ursprünglichen Naturlandschaft weideten über Jahrtausende auch in der Kulturlandschaft die Nutztiere frei. Sie wurden von Hirten geführt und von Hecken daran gehindert, Flächen zu betreten, die anderen Zwecken dienten, wie Getreidefelder oder den Landesfürsten gehörende Wälder, in denen die Waldweide meist verboten war.

Mit der Aufteilung der Allmenden im 17. und 18. Jahrhundert entstanden Standweiden. Jetzt friedeten Hecken nicht mehr die Getreidefelder und die Wälder ein, sondern die Viehweiden bekamen mit einer Dornenhecke eine feste Eingrenzung. Erst mit der Erfindung des Stacheldrahtes – fast zeitgleich mit der Entwicklung des Rasenmähers, in der Mitte des 19. Jahrhunderts – wurden die Hecken dann durch Zäune ersetzt.

Während vor der Neuverteilung der landwirtschaftlich genutzten Bodenfläche (Markenteilung) als Winterfutter hauptsächlich getrocknetes Laub genutzt wurde, konnte nun Heu aus Gras in großem Umfang gewonnen werden. Erst jetzt entstanden große Flächen, die nicht beweidet wurden, sondern der Gewinnung von Heu dienten: die Blumenwiesen. Parallel zur Verbreitung der Heuwiese eroberte der Glatthafer, ein typisches Wiesengras, Mitteleuropa. Er ist vor 1500 n. Chr. kaum nachzuweisen und viele Erstnachweise fallen in die Zeit um 1800 n. Chr.

Blumenwiesen zeichnen sich dadurch aus, dass sie nur wenige Male im Jahr geschnitten werden und dass das Schnittgut auf der Fläche trocknet. Hier haben vor allem die Pflanzenarten eine Chance, die schnittverträglich sind oder deren Samen im abgeschnittenen Zustand nachreifen und die Wiese so immer wieder nachsäen. Der Glatthafer ist geradezu der Prototyp einer solchen Pflanze. Weil er auch auf ungedüngten Wiesen viel Ertrag bringt, haben die Bauern durch ihre Pflege den Glatthafer bewusst gefördert: Glatthaferwiesen werden nicht zu dem Zeitpunkt, an dem das Gras den höchsten Futterwert hat, kurz vor der Blüte, geschnitten, sondern erst kurz vor der Reife des Glatthafers, damit er sich über das Mahdgut aussamen kann.

Welche Überraschung: Die uns so natürlich vorkommenden Blumenwiesen sind ein Produkt menschlicher Tätigkeit, großflächig gibt es sie erst seit wenigen Jahrhunderten. Natürlich finden sich in ihnen viele Arten, die auf den ursprünglich beweideten Flächen wuchsen. Aber die ursprünglichen Vegetationen offener Flächen sind beweidete, blüten- und strukturreiche Rasen, deren moderne Variante heute so naturfern daherkommt.

Blumenwiesen haben einen relativ hohen Aufwuchs, sie bilden keine dichte belastbare Narbe aus und sollten deshalb möglichst wenig belastet oder betreten werden. Sie sind im Garten daher keine Funktionsflächen, sondern werden eher als anderweitig nicht nutzbare Beet- oder Biotopflächen angelegt. Verglichen mit den Kosten für andere Beete wie Wildstaudenbeete oder für andere Biotope wie Teiche sind die Baukosten für Blumenwiesen äußerst gering. Sie eignen sich für Gärten, in denen nicht alle Flächen genutzt und betreten werden sollen, das Budget aber begrenzt ist – oder eben für Gartennutzer, deren Traum eine Blumenwiese vor der Haustür ist.

Wiesen und Weiden in der Landschaft

Feuchtwiesen

In der Nähe von Flüssen und Seen sind die Bedingungen für Bäume alles andere als ideal, denn der Boden ist oft feucht oder sogar nass. Wenn Wasser alle Bodenporen füllt, dann sinkt der Sauerstoffgehalt des Bodens dramatisch und es können nur noch Baumarten überleben, deren Wurzeln dann nicht ersticken, weil sie über spezielle Stoffwechselwege und Gastransportbahnen verfügen. Baumfeindlich ist auch die mechanische Wucht von Überschwemmungen oder das Überlagern des Bodens mit Schwemmgut. Biber stauten früher an kleineren Flüssen und Bächen das Wasser auf und sorgten für ähnliche Effekte in der Nähe kleinerer Gewässer. Hier sind niedrigere Vegetationsformen von Natur aus im Vorteil. Auch konzentrieren sich Wildtiere in der Nähe der Flüsse. So gab es wohl auch in der stärker bewaldeten ersten Phase unserer Warmzeit in der Nähe der Flüsse und Seen immer Grasfluren, die von Wildpferden, Auerochsen und Wisenten beweidet

Im Porträt: **Wiesenknöterich**
(Bistorta officinalis)

Pflanzt man Wiesenknöterich in ein gut mit Nährstoffen und Feuchtigkeit versorgtes Gartenbeet,
ist diese Pflanze sehr ausbreitungsstark, im konventionellen Garten kann sie sich wie ein Wurzel-
unkraut verhalten. In feuchten Wiesen ist sie weniger verdrängend, dominiert aber den Blütenaspekt
im Frühsommer, sodass die Flächen dann weithin
rosa leuchten. Zusammen mit der violettblauen
Wieseniris und den gelben Trollblumen bieten die Feuchtwiesen so einen
prächtigen Anblick. Wiesenknöterich
speichert Nährstoffe in einem schlan-
genartig gekrümmten Wurzelstock und
wird daher auch Schlangenknöterich, Nat-
ter- oder Drachenwurz genannt. Die nährstoffreichen Wurzeln wurden früher in Not-
zeiten gemahlen und dem Mehl beigemischt.
Die Blätter können wie Spinat in der Küche verwendet werden – wegen des hohen Gehaltes an
Oxal- und Gerbsäure allerdings ähnlich zurückhal-
tend wie Spinat!

Wert für Tiere: Die rosa Blütenstände sind sehr nektarreich und
werden gerne von Bienen und anderen Insekten besucht. Die Raupen
etlicher Zwergspanner *(Idaea)* ernähren sich von Wiesenknöterichblät-
tern.

Die Blütenpracht der Feuchtwiesen

Deutscher Name / *Botanischer Name*	Blütenfarbe	März	April	Mai	Juni	Juli	Aug.	Sept.	Okt.
Wiesenschaumkraut / *Cardamine pratensis*	lilarosa	✿	✿	✿					
Rote Lichtnelke / *Silene dioica*	rot	✿	✿	✿	✿	✿	✿		
Sumpfvergissmeinnicht / *Myosotis scorpioides*	hellblau	✿	✿	✿	✿	✿	✿	✿	
Kuckuckslichtnelke / *Lychnis flos-cuculi*	rosarot			✿	✿	✿			
Trollblume / *Trollius europaeus*	gelb			✿	✿	✿			
Wiesenknöterich / *Bistorta officinalis*	rosa			✿	✿	✿	✿		
Wieseniris / *Iris sibirica*	blau				✿				
Wiesenstorchschnabel / *Geranium pratense*	blauviolett				✿	✿	✿	✿	
Wiesenflockenblume / *Centaurea jacea*	rosalila				✿	✿	✿	✿	✿
Teufelsabbiss / *Succisa pratensis*	blauviolett					✿	✿	✿	
Wassergreiskraut / *Senecio aquaticus*	gelb					✿	✿	✿	✿

✿ = Blütezeit

wurden. Arten dieser Grasfluren finden wir heute in Fett- und Feuchtwiesen.

Traditionell werden die Feuchtwiesen ein- oder zweimal im Jahr
gemäht. Hier blüht im frühen Frühjahr an feuchten Stellen die Sumpf-
dotterblume, gefolgt von den weißen Wogen des Wiesenschaum-
krauts und den rosa Feldern der Kuckuckslichtnelke. Trollblumen und
Hahnenfußarten fügen leuchtend goldgelbe Farbaspekte hinzu. Tief-
blau blühen die Gruppen der Wieseniris, auch als Sibirische Schwert-
lilie bekannt, zumeist zusammen mit den rosa Kerzen des Wiesen-
knöterichs. Nach dem ersten Schnitt kommen der braunrote Große

Wiesenknopf, die hellgelbe Wiesensilge und das goldgelbe Sumpfgreiskraut zur Blüte. Auf den zweischürigen feuchten Wirtschaftswiesen ist der Wiesenfuchsschwanz die dominierende Grasart. Wenn der Boden noch nasser und sumpfig ist, dann dominieren Pfeifengras, Binsen oder Seggen. Pfeifengraswiesen und Seggenriede bringen wenig Ertrag, der auch kaum als Futter taugt. Traditionell werden sie einmal, relativ spät im Jahr gemäht und das Mahdgut als Einstreu genutzt, daher werden diese Wiesen auch als Streuwiesen bezeichnet. Die Flächen werden hin und wieder auch beweidet.

Glatthaferwiesen

Glatthaferwiesen sind die Wiesen der guten Böden im Tiefland, in den Talböden und im unteren Bereich der Hänge. Hier steht der Glatthafer Anfang Juni fast menschenhoch. Wenn sie nicht gedüngt werden, sind die Wiesen voller Blumen. Wiesenmargeriten, Wiesenwitwenblumen, Wiesenflockenblumen, Wiesenbocksbart und an trockeneren Standorten Wiesensalbei bieten Insekten reichlich Nektar. Glatthaferwiesen werden zweimal, höchstens dreimal im Jahr gemäht. Wird häufiger geschnitten, dann verschwindet der schnittempfindliche Glatthafer und es entsteht eine Weidelgras-Weißklee-Weide, auch wenn nicht gedüngt wird. In höheren Lagen finden sich auf ähnlich nährstoffreichen Standorten die Goldhaferwiesen, die genauso wie die Glatthaferwiesen durch ihre Blütenpracht bezaubern. (Mehr zum Glatthafer auf Seite 25.)

Trespenwiesen

An trockeneren, mageren Standorten finden wir die niedrigeren, weniger ertragreichen Trespenwiesen. Sie können nur einmal im Jahr gemäht werden und zwischen den schütteren Gräsern fallen die vielen bunt blühenden Kräuter besonders gut auf: Karthäusernelke, Knäuelglockenblume, Sonnenröschen und Kleines Habichtskraut, Echte Schlüsselblume, Wiesensalbei, Taubenskabiose und Skabiosenflockenblume sind Beispiele für die kräftigen Blütenfarben, die auf Trespenwiesen und anderen sogenannten Halbtrockenrasen leuchten.

Die Wiesenschönheiten der Glatthaferwiesen

Deutscher Name *Botanischer Name*	Blütenfarbe	März	April	Mai	Juni	Juli	Aug.	Sept.	Okt.
Wiesenglockenblume *Campanula patula*	blau			❀	❀	❀			
Kleiner Klappertopf *Rhinanthus minor*	gelbweiß			❀	❀	❀	❀		
Wiesenbocksbart *Tragopogon pratensis*	gelb			❀	❀	❀	❀		
Taubenkropf-Leimkraut *Silene vulgaris*	weiß			❀	❀	❀	❀	❀	
Wiesenmargerite *Leucanthemum ircutianum*	weiß			❀	❀	❀	❀	❀	❀
Wiesenwitwenblume *Knautia arvensis*	lila			❀	❀	❀	❀		
Wiesensalbei *Salvia pratensis*	blauviolett				❀	❀	❀		
Echtes Labkraut *Galium verum*	gelb				❀	❀	❀	❀	
Wilde Möhre *Daucus carota*	weiß				❀	❀	❀	❀	
Wiesenstorchschnabel *Geranium pratense*	blauviolett				❀	❀	❀	❀	
Rundblättrige Glockenblume *Campanula rotundifolia*	blauviolett				❀	❀	❀	❀	❀
Wiesenflockenblume *Centaurea jacea*	rotviolett				❀	❀	❀	❀	❀
Herbstlöwenzahn *Leontodon autumnalis*	gelb					❀	❀	❀	

❀ = Blütezeit

Im Porträt: Wiesensalbei
(Salvia pratensis)

Im Sommer leuchten die blauvioletten Blütenstände des Wiesensalbeis auf Wiesen und an
Wegrändern. Jede einzelne Blüte, deren deutliche Ober- und Unterlippe an Orchideenblü-
ten erinnern, ist fast zwei Zentimeter groß.
Viele dieser Lippenblüten stehen am Ende
der Triebe zu Quirlen gruppiert in Etagen
übereinander. Obwohl Blau eine schwache
Farbe ist, die wir nicht sofort wahrnehmen,
geben die Salbeiblüten den Wiesen einen
dominierenden Farbaspekt. Im Gegensatz zum mediterranen Gewürzsalbei, der
ein Kleingehölz ist und wintergrüne Blätter
hat, ist der Wiesensalbei eine echte Staude.
Im Winter schmiegen sich die markanten
rauen Blätter in einer Rosette dem Erdboden an.
Er enthält nur in sehr geringen Konzentrationen die Inhaltsstoffe, die
den Gewürzsalbei zu einem beliebten Gewürz und Heilkraut gemacht
haben.

Wiesensalbei kommt in trockeneren Glatthaferwiesen vor. In Nord-
westdeutschland fehlt er.

Wert für Tiere: Wiesensalbei ist ein wichtiger Nektarspender für
Hummeln. Um den Nektar zu erreichen, muss die Hummel den Kopf
tief in die Blüte hineinstecken. Dabei stößt sie dann an ein Schar-
nier, durch das die Staubblätter auf ihren Rücken gedrückt werden.
So bekommt die Hummel den Nektar und die Salbeiblüten werden
bestäubt. Wir können diesen Mechanismus auch mit einem kleinen
Stöckchen auslösen und beobachten, wie präzise dieses biomechani-
sche Phänomen funktioniert.

Das Blütenfeuerwerk der Halbtrockenrasen

Deutscher Name *Botanischer Name*	Blütenfarbe	März	April	Mai	Juni	Juli	Aug.	Sept.	Okt.
Echte Schlüsselblume *Primula veris*	gelb	❀	❀						
Frühlingsfingerkraut *Potentilla tabernaemontani*	gelb	❀	❀	❀	❀	❀			
Nickendes Leimkraut *Silene nutans*	weiß		❀	❀	❀	❀			
Wiesenwitwenblume *Knautia arvensis*	lila		❀	❀	❀	❀			
Großer Ehrenpreis *Veronica teucrium*	blau			❀	❀				
Karthäusernelke *Dianthus carthusianorum*	rotviolett			❀	❀	❀			
Zypressenwolfsmilch *Euphorbia cyparissias*	gelb			❀	❀	❀			
Heilziest *Stachys officinalis*	rotviolett			❀	❀	❀			
Wiesensalbei *Salvia pratensis*	blauviolett			❀	❀	❀			
Sonnenröschen *Helianthemum nummularium*	gelb			❀	❀	❀	❀		
Echtes Labkraut *Galium verum*	gelb			❀	❀	❀	❀		
Knäuelglockenblume *Campanula glomerata*	violett			❀	❀	❀	❀		
Rauer Löwenzahn *Leontodon hispidus*	gelb			❀	❀	❀	❀		
Skabiosenflockenblume *Centaurea scabiosa*	rotviolett			❀	❀	❀	❀		
Wiesenflockenblume *Centaurea jacea*	rotviolett				❀	❀	❀	❀	❀
Taubenskabiose *Scabiosa columbaria*	blauviolett				❀	❀	❀	❀	❀
Rundblättrige Glockenblume *Campanula rotundifolia*	blauviolett			❀	❀	❀	❀	❀	
Arzneithymian *Thymus pulegioides*	rosapurpur					❀	❀	❀	

❀ = Blütezeit

Im Porträt: Rundblättrige Glockenblume
(Campanula rotundifolia)

Zart sind die blauen Blüten der Rundblättrigen Glockenblume und gras-
artig schmal die Blätter zur Blütezeit. Im Garten ist die Pflanze daher
immer in Gefahr, vor der Blüte für ein
unerwünschtes Gras gehalten und gejätet zu werden. Aber woher kommt der Name
»Rundblättrig«? Die Blattrosette hat direkt über der
Erde rundliche Blättchen. Zur Blütezeit sind diese Blättchen allerdings
oft schon abgestorben und vergangen.

Alle Glockenblumenarten sind ungiftig und können z. B. im Salat
gegessen werden, bei der Rundblättrigen Glockenblume sind die Blätter aber so klein, dass sich die Ernte nicht lohnt, wir können aber einige
Blüten als essbare Dekoration verwenden.

Wert für Tiere: Der Felsrasen-Glockenblumen-Blütenspanner *(Eupithecia impura)* ernährt sich ausschließlich von Rundblättrigen Glockenblumen, aber auch andere Spanner und Eulenfalter wie der Glocken-
blumen-Mönch *(Cucullia campanulae)* nutzen die Pflanze. Zahlreiche
Wildbienenarten sind auf Glockenblumen spezialisiert, z. B. die Sche-
renbiene *(Chelostoma campanularum)*. Glockenblumenblüten werden
gerne auch als »Nachtquartier« genutzt. Wer morgens seine Glockenblumenblüten absucht, findet bestimmt den einen oder anderen von
der Morgenkälte noch steifen Übernachtungsgast, der sich so problem-
los fotografieren lässt.

Magerweiden

Werden Flächen beweidet, aber nicht gedüngt, entstehen bunte Magerweiden. Hier blühen im Frühjahr Schlüsselblumen, später Margeriten, Tausendgüldenkraut und Salbei, dann folgen Wiesenflockenblumen und Hauhechel, Moschusmalven können dazutreten, im Herbst auch Herbstzeitlosen. Viele Pflanzen der Magerweiden werden nur ungern vom Vieh gefressen und haben deshalb einen Konkurrenzvorteil, dazu gehören auch Pflanzen, die ätherische Öle enthalten wie Thymian und Oregano.

Auf Magerweiden blühen viele Wildblumen

Deutscher Name *Botanischer Name*	Blütenfarbe	März	April	Mai	Juni	Juli	Aug.	Sept.	Okt.
Echte Schlüsselblume *Primula veris*	gelb		✿	✿					
Wiesenwitwenblume *Knautia arvensis*	lila			✿	✿	✿	✿		
Hornklee *Lotus corniculatus*	gelb			✿	✿	✿	✿		
Taubenkropf-Leimkraut *Silene vulgaris*	weiß			✿	✿	✿	✿	✿	
Wiesenmargerite *Leucanthemum ircutianum*	weiß			✿	✿	✿	✿	✿	✿
Dornige Hauhechel *Ononis spinosa*	rosarot				✿	✿	✿		
Heidenelke *Dianthus deltoides*	karminrot				✿	✿	✿	✿	
Wiesenflockenblume *Centaurea jacea*	rotviolett				✿	✿	✿	✿	✿
Moschusmalve *Malva moschata*	rosa				✿	✿	✿	✿	✿
Tausendgüldenkraut *Centaurium erythraea*	rosa					✿	✿	✿	
Wirbeldost *Clinopodium vulgare*	rosarot					✿	✿	✿	
Arzneithymian *Thymus pulegioides*	rosa					✿	✿	✿	
Herbstzeitlose *Colchicum autumnale*	rosa							✿	✿

✿ = Blütezeit

Trockenrasen

Es gibt einige Extremstandorte, auf denen der Boden so mager und trocken ist, dass hier eine Wiesenmahd nicht mehr möglich ist. Auf Felsköpfen, auf Schotterfeldern, auf Sandflächen wachsen die Trockenrasen. Hier ist der Boden oft nur zu 50 Prozent von Pflanzen bedeckt, diese blühen aber zumeist besonders leuchtend und mit großen Blüten. Ihre Triebe und Blätter sind so gebaut, dass sie vor starker Sonnenstrahlung und Austrocknung geschützt werden, entweder durch dichte Behaarung, reflektierende Wachsschichten oder dadurch, dass die Blätter eine eher nadelförmige Gestalt haben. Die Blätter können aber auch zur Wasserspeicherung verdickt sein, wie bei den Fetthennen. Die Blüten der niedrigen Trockenrasenpflanzen wirken oft überproportional groß. Dazu gehören die Küchenschellen, Kugelblumen- und Enzianarten, Orchideen und niedrige Disteln wie die Silberdistel. Bei den Trockenrasen unterscheiden sich solche auf kalkhaltigen Böden fundamental von denen auf sauren Böden, wobei die Kalkmagerrasen zu dem Schönsten gehören, was unsere Natur zu bieten hat. Leider sind sie hochgradig bedroht, denn schon der Stickstoffeintrag aus der normalen Luftverschmutzung in Mitteleuropa düngt sie so weit auf, dass die Hungerkünstler von stickstoffliebenden Pflanzen überwachsen werden.

Die meisten Trockenrasen sind abhängig davon, dass aufkommende Gehölze verbissen werden. Früher wurden diese Flächen gelegentlich von Schafen beweidet. So entstanden solch prägnante Landschaftsbilder wie sie früher in der Eifel, auf der Schwäbischen Alb oder in der Rhön zu finden waren.

Da die Wanderschäferei heute nicht mehr rentabel ist, ist der Erhalt dieser Biotope nur möglich, wenn die Beweidung durch Naturschutzgelder finanziert werden kann.

Je magerer, desto bunter: einige Wildblumen der Kalktrockenrasen

Deutscher Name *Botanischer Name*	Blütenfarbe	März	April	Mai	Juni	Juli	Aug.	Sept.	Okt.
Küchenschelle *Pulsatilla vulgaris*	violett-gelb	✿	✿						
Echte Kugelblume *Globularia punctata*	blau		✿	✿	✿				
Frühlingsfingerkraut *Potentilla tabernaemontani*	gelb		✿	✿	✿	✿	✿		
Scharfer Mauerpfeffer *Sedum acre*	gelb					✿	✿		
Wiesensalbei *Salvia pratensis*	blauviolett				✿	✿	✿		
Karthäusernelke *Dianthus carthusianorum*	rosarot				✿	✿	✿		
Berggamander *Teucrium montanum*	gelb				✿	✿	✿		
Sonnenröschen *Helianthemum nummularium*	gelb				✿	✿	✿	✿	
Skabiosenflockenblume *Centaurea scabiosa*	rotviolett				✿	✿	✿	✿	
Taubenskabiose *Scabiosa columbaria*	blauviolett				✿	✿	✿	✿	✿
Echter Gamander *Teucrium chamaedrys*	rotviolett					✿	✿		

 = Blütezeit

Im Porträt: Zittergras
(Briza media)

Herzförmige Ährchen zittern beim lei-
sesten Windhauch – dieser Anblick
ist selten geworden, denn das konkurrenzschwache Zittergras kann
sich nur auf mageren Standorten
behaupten. Es wird vom Vieh,
besonders im Heu, gerne gefressen, geht aber bei intensiverer
Beweidung und vor allem bei
Düngung sehr schnell zurück.
Im naturnahen Garten können wir
dieses wunderschöne Gras wieder erleben
und, wenn wir das wollen, auch als Ziergras
in Blumensträuße binden.

Wert für Tiere: Einige Schmetterlingsraupen fressen an Zittergras, wie der Ockerbindige
Samtfalter *(Hipparchia semele)* oder der Doppel-
augen-Mohrenfalter *(Erebia oeme)*. Da sie wie das
Zittergras auf magere Standorte mit offenen Bodenstellen angewiesen
sind, gehen die Bestände dieser Schmetterlinge zurück.

Felsbandrasen

In Felswänden und auf Schotterfeldern gibt es manche Ritzen und Vorsprünge, in denen die Hungerkünstler unserer Flora Fuß fassen können: Wimperperlgras, Fetthennen und Dachwurz, aber auch viele Arten der Trockenrasen können hier ohne die Pflege der Flächen durch Beweidung existieren. Hier wachsen nur noch wenige und dann auch sehr niedrige Gehölze. Mit solchen Pflanzen können Dachbegrünungen angelegt werden.

Einige Hungerkünstler auf Fels

Deutscher Name *Botanischer Name*	Blütenfarbe	März	April	Mai	Juni	Juli	Aug.	Sept.	Okt.
Bergsteinkraut *Alyssum montanum*	gelb	✿	✿	✿					
Bleicher Schöterich *Erysimum crepidifolium*	gelb		✿	✿					
Pfingstnelke *Dianthus gratianopolitanus*	rosa			✿	✿				
Berglauch *Allium montanum*	rotviolett				✿	✿	✿		
Weißer Mauerpfeffer *Sedum album*	weiß				✿	✿	✿		
Dachhauswurz *Sempervivum tectorum*	rosarot					✿	✿	✿	

✿ = Blütezeit

Alpine Rasen

Auf den Bergen der Alpen gibt es ebenfalls Rasen, die auch ohne Beweidung offen bleiben. Denn hier können Bäume aufgrund der klimatischen Bedingungen nicht wachsen. Wenn wir wissen wollen, wie die Landschaft hierzulande in den langen Kaltzeiten unseres Erdzeitalters ausgesehen hat, bekommen wir hier, über der Baumgrenze, eine Ahnung davon. Oft sind wir begeistert von den leuchtenden Farben der Blüten und wünschen uns solche Pflanzen in unseren Gärten. Das hat schon manchen dazu verleitet, Pflanzen auszugraben und im eigenen Garten wieder einzupflanzen. Abgesehen davon, dass das bei den meis-

Alpenpflanzen wie die Dolomiten-Teufelskralle faszinieren durch ihre leuchtenden Blüten und bizarren Formen, sie gedeihen unter extremen Bedingungen. Hier gilt in besonderem Maße: ansehen immer, abpflücken oder ausgraben nie.

ten Alpenpflanzen ein Verstoß gegen die Natur-
schutzgesetze ist: Im Tiefland fehlt diesen Pflanzen
die kühle, feuchte Luft und die hohe Sonneneinstrahlung der Berggip-
fel, sie kommen mit der »Klimaerwärmung«, die sie an ihrem neuen
Standort aushalten müssen, nicht zurecht und verkümmern rasch. Da
ist es besser, auf Pflanzen aus Spezialgärtnereien zurückzugreifen. Aber
auch die Ansiedlung dieser akklimatisierten Pflanzen braucht viel Ein-
fühlungsvermögen und Spezialwissen.

Wenn wir uns blütenbunte Rasen für unseren Garten wünschen,
sollten wir uns an den Pflanzenzusammensetzungen der Halbtrockenrasen, Trockenrasen oder Magerweiden orientieren.

Streuobstwiesen

Ein Sonderfall sind die Streuobstwiesen, die früher in vielen Landstri-
chen die Dörfer umgaben. Der Hauptzweck dieser Flächen war der
Anbau von Obst. Lokale, zumeist dem jeweiligen Klima angepasste
und widerstandsfähige Obstsorten wurden dort angebaut. Früher wurden alle Obstbäume auf Sämlingen veredelt, deshalb gab es nur Hoch-
stämme. Diese mächtigen Bäume wurden auf Wiesen am Rand der
Dörfer gepflanzt. In der Zeit der Markenteilung wurde der Obstbau
von den Landesfürsten gefördert oder sogar befohlen, auch in der Feld-
flur. An Straßenrändern wurden Obstbaumalleen gepflanzt, auch auf-
gegebene Weinberge wurden mit Obstbäumen bepflanzt.

Streuobstwiesen wurden doppelt genutzt: Die Bäume lieferten Obst,
die Wiese Futter für die Tiere. Durch den Schatten unter den Bäumen
ist das Heu einer Streuobstwiese qualitativ nicht so hochwertig wie das
einer besonnten Wiese und es wächst auch nicht so viel auf. Das Gras

der Streuobstwiesen war aber ein willkommener Zusatznutzen zur Hauptkultur, dem Obst. Schwachwachsende Unterlagen für Obstbäume machten in der Mitte des 20. Jahrhunderts den Niederstammobstanbau in intensiv gedüngten und mit Pflanzenschutzmitteln behandelten Plantagen möglich und bereiteten vielen Streuobstwiesen ein Ende. Bis 1974 wurden in der Europäischen Gemeinschaft Rodungsprämien für Obsthochstämme gezahlt.

Für unseren Naturhaushalt ist die Vernichtung der Streuobstwiesen ein herber Verlust, denn dieser vielfältig strukturierte Lebensraum beherbergt eine Vielzahl an Pflanzen- und Tierarten. Streuobstwiesen bieten im Grunde das, was auch die mitteleuropäische Naturlandschaft auszeichnet, nämlich eine ausgewogene Mischung aus blütenreichen Grasfluren und Gehölzen. Durch den weiten Stand sind die Flächen, im Vergleich zu anderen von Bäumen dominierten Flächen, gut durchsonnt und licht. Sie bieten daher genau die Standortbedingungen, die die meisten Arten bei uns brauchen. Alte und absterbende Obsthochstämme sind ein Eldorado für die vielen Nutzer besonnten Totholzes, zum Beispiel für Wildbienen. In den Baumhöhlen finden Steinkäuze eine Wohnung und bis ins 20. Jahrhundert hinein, als die Intensivierung der Landwirtschaft und des Obstbaues mit ihrem massiven Einsatz an mineralischem Dünger und Pestiziden noch nicht die Masse der großen Insekten dezimiert hatte, war der Wiedehopf ein typischer Vogel der Streuobstwiesen. Wiedehopfe profitierten auch von der gelegentlichen Weidenutzung des Unterwuchses, denn in den Kuhfladen fanden sie reichlich Nahrung.

Die Pflanzengesellschaften der Streuobstwiesen leiten sich von den Wiesengesellschaften ab, die an diesem Standort auf einer Heuwiese entstehen würden. Sie entsprechen meist einer Glatthaferwiese, wobei der Anteil der Arten, die auch im Halbschatten noch wachsen, höher ist und die besonders lichtliebenden Arten eher fehlen.

Im Porträt: Deutsches Weidelgras *(Lolium perenne)*

Wie geölt glänzen die Unterseiten der Weidelgrasblätter. Dies ist wohl eine der Ursachen für den samtigen Glanz konventioneller Rasenflächen. Weidelgras ist das Rasengras schlechthin, denn es wird durch all das gefördert, was auf Spielrasenflächen geschieht: Es gedeiht besonders gut auf leicht verdichteten, bindigen Böden. Häufiger Schnitt fördert die Konkurrenzkraft des Weidelgrases, es kann sich gut regenerieren und bildet durch kurze Ausläufer dichte Bestände. Diese Wuchskraft hat es allerdings nur bei sehr guter Versorgung mit Wasser und Nährstoffen. Trockenheit verträgt es schlecht.

Auf Weiden wird es durch den Tritt des Viehs nicht geschädigt und bringt bei entsprechender Düngung und Wasserversorgung hohe Erträge. Das Vieh frisst es gerne, auch im Heu. Wegen seiner guten Eignung für Rasenflächen in Gärten und für Intensivweiden ist Weidelgras vom Menschen weltweit verbreitet worden. Es gibt zahlreiche Kultursorten.

Im naturnahen Garten ist Weidelgras unerwünscht, denn durch seine Konkurrenzkraft verdrängt es konkurrenzschwache Wiesenblumen. Deshalb sollte in Blumenwiesen- und vor allem Blumenrasenmischungen – Mahd fördert diese Grasart – kein Weidelgras enthalten sein.

Wert für Tiere: Es gibt zahlreiche Eulen- und Dickkopffalter, deren Raupen gerne Graswurzeln und -blätter fressen. Aber auch manche Tagfalterraupen, z. B. das Große Ochsenauge *(Maniola jurtina),* ernähren sich von Grasblättern. In konventionellen Rasenflächen kann sich das schon einmal negativ auf die Wuchskraft des Weidelgrases auswirken, weswegen diese »Erdraupen« dann als Schädlinge bekämpft werden.

Mehr als ein grüner Teppich: Vielfalt der Rasen und Wiesen im Garten

Konventioneller Zierrasen

Der konventionelle Zierrasen ist das Ideal, das von vielen angestrebt wird, ein grüner Teppich, der auch in seinen Eigenschaften dem textilen Vorbild gleicht: ganzjährig gleichmäßig grün, dicht und weich wie Samt. Die Frage ist, ob dieses Ideal nicht eine Fata Morgana ist oder ein »Heiliger Gral«, wie Tom Fort in seinem wunderbaren Buch »The Grass Is Greener – Our Love Affair with the Lawn« (Das Gras ist grüner – unsere Liebesaffaire mit dem Rasen) schreibt: Ein Ideal, weit entfernt von den realen Bedingungen des gewöhnlichen Gartens, das nie erreicht werden kann. Vielleicht ist die Existenz dieses Ideals aber auch sehr förderlich für einen ganzen Industriezweig, der Geräte, Dünger und Pestizide verkauft, die versprechen, dass sich mit ihrer Hilfe der gewöhnliche Rasen hinter dem Haus in einen grünen Samtteppich verwandeln wird?

Jedenfalls verlangt das Ideal des Zierrasens die Verwendung spezieller feinblättriger Grasarten und -sorten, vor allem Rotschwingel *(Festuca rubra)*, die nicht besonders trittfest sind. Ein Zierrasen ist deshalb nur eingeschränkt belastbar, er ist ein Ausstellungsstück.

Zierrasen müssen in der Wachstumszeit häufig, oft mehrfach in der Woche geschnitten werden und benötigen, damit die Pflanzen diesen heftigen Biomasse-Entzug verkraften können, auch regelmäßig Dünger

Gräser für Zierrasen
Hochleistungssorten von:
Rotem Straußgras *(Agrostis capillaris)*
Flechtstraußgras *(Agrostis stolonifera)*
Horstrotschwingel *(Festuca nigrescens)*
Ausläufertreibendem Rotschwingel *(Festuca rubra ssp. commutata)*
Haarblättrigem Rotschwingel *(Festuca trichophylla)*

und einen gleichmäßig feuchten Boden. Sie müssen deshalb bei trockenem Wetter ausgiebig bewässert werden. Zahlreiche Rasenkrankheiten bedrohen die Gesundheit dieser Hochleistungspflanzen, für die zahlreiche Medikamente angeboten werden. Für umweltbewusste Zierrasenbesitzer gibt es jedoch auch biologische Pflanzenstärkungsmittel, die die Krankheitsanfälligkeit der Rasengräser vermindern (Bezugsquellen siehe Seite 175).

Spiel- und Gebrauchsrasen

Der gewöhnliche Rasen der meisten Gärten wird nicht so intensiv gepflegt, soll aber kräftig belastet werden. Deshalb enthalten die Spielrasenmischungen auch Grasarten und -sorten, die belastbarer sind, dazu gehört vor allem das Deutsche Weidelgras *(Lolium perenne)*. Es ist besonders auf leicht verdichteten Böden sehr konkurrenzstark.

Für die verschiedenen Rasenflächen, die mit konventionellen Rasensaatgutmischungen eingesät werden sollen, beschreibt die Forschungsgesellschaft Landschaftsentwicklung und Landschaftsbau (FLL) sogenannte Regelsaatgutmischungen, in denen sie die besten Sorten und Arten für die unterschiedlichen Funktionen empfiehlt. Wer Saatgut für einen Spielrasen kauft, kann sich an diesen Empfehlungen orientieren.

In Spielrasen siedeln sich gerne einige weitverbreitete Wildkräuter an wie Löwenzahn *(Taraxacum sect. Ruderalia)*, Weißklee *(Trifolium repens)*, Gänseblümchen *(Bellis perennis)*, Persischer Ehrenpreis *(Veronica persica)*, Kriechender Hahnenfuß *(Ranunculus repens)* und Kleine Braunelle *(Prunella vulgaris)*. So ähneln diese Flächen den intensiv genutzten Weidelgras-Weißklee-Weiden in der freien Landschaft.

Die Wildkräuter beeinträchtigen die Nutzbarkeit der Fläche in keiner Weise. Der Rasen wird dadurch nur bunter und in seinem Eindruck unregelmäßiger, weiter entfernt von dem technischen Ideal eines Samtstoffes, eben lebendiger. Naturfreunde gehen nicht mit Unkrautstecher oder Herbiziden gegen diese Pflanzen vor, sondern freuen sich über die Blüten, die ihren Rasen hin und wieder verzieren. Für Bienengiftallergiker können allerdings größere Flächen mit Weißklee ein Problem sein. In Weißkleeblüten finden Honigbienen reichlich Nektar und in einem blühenden Weißkleebestand summt und brummt es deshalb hörbar (mehr zum Thema Weißklee auf Seite 136).

Gräser für Spiel- und Gebrauchsrasen
Rasenzuchtsorten von:
Rotem Straußgras *(Agrostis capillaris)*
Horstrotschwingel *(Festuca nigrescens)*
Ausläufertreibendem Rotschwingel *(Festuca rubra ssp. commutata)*
Haarblättrigem Rotschwingel *(Festuca trichophylla)*
Deutschem Weidelgras *(Lolium perenne)*
Wiesenrispe *(Poa pratensis)*

Die naturnahe Alternative: Blumen- und Kräuterrasen

Aber warum nicht die Blumen gleich bei der Anlage mit einsäen? Dann haben wir die Chance, nicht nur die Allerweltspflanzen Löwenzahn und Weißklee im Garten zu haben, sondern die schönen und seltenen Wildstauden der Magerweiden wie Schafgarbe, Margerite, Heidenelke, Schlüsselblumen und Hornklee. Höherwüchsige Arten der Magerweiden wie Skabiosenflockenblumen oder dornige Pflanzen wie Hauhechel sind in diesen Mischungen natürlich nicht enthalten.

Blumenrasen wachsen langsamer als normale Rasen, sie bestehen nur aus konkurrenzschwachen und eher langsam wüchsigen Wildgräsern wie Kammgras *(Cynosurus cristatus)* und Ruchgras *(Anthoxanthum odoratum)*. Nur so erhalten die noch langsamer wüchsigen Wildkräuter eine Chance, sich zu etablieren und in der Rasennarbe zu überdauern. Blumenrasen müssen nicht gedüngt und gewässert werden und ersparen so der Umwelt und der Gesundheit der Nutzer so manche Belastung. In Blumenrasen wird Weißklee nicht mit eingesät und er sollte, wenn möglich, auch gejätet werden. Weißklee kann durch seine Konkurrenzkraft konkurrenzschwächere Arten der Magerweiden verdrängen.

Blüten für den Rasen: die Kräuter im Blumenrasen

Deutscher Name *Botanischer Name*	Blütenfarbe	März	April	Mai	Juni	Juli	Aug.	Sept.	Okt.
Gänseblümchen *Bellis perennis*	weiß	✿	✿	✿	✿	✿	✿	✿	✿
Echte Schlüsselblume *Primula veris*	gelb	✿	✿						
Wiesenschaumkraut *Cardamine pratensis*	lilarosa	✿	✿	✿					
Mittlerer Wegerich *Plantago media*	weißrosa		✿	✿	✿				
Hornklee *Lotus corniculatus*	gelb			✿	✿	✿	✿		
Kriechender Günsel *Ajuga reptans*	blau			✿	✿	✿	✿		
Taubenkropf-Leimkraut *Silene vulgaris*	weiß			✿	✿	✿	✿	✿	
Wiesenmargerite *Leucanthemum ircutianum*	weiß			✿	✿	✿	✿	✿	✿
Kleines Habichtskraut *Hieracium pilosella*	gelb			✿	✿	✿	✿	✿	✿
Orangerotes Habichtskraut *Hieracium aurantiacum*	orange				✿	✿	✿		
Wiesensalbei *Salvia pratensis*	blauviolett				✿	✿	✿		
Kleine Braunelle *Prunella vulgaris*	blauviolett				✿	✿	✿		
Heidenelke *Dianthus deltoides*	karminrot				✿	✿	✿	✿	
Kleinköpfiger Pippau *Crepis capillaris*	gelb				✿	✿	✿	✿	
Schafgarbe *Achillea millefolium*	weiß				✿	✿	✿	✿	✿
Rundblättrige Glockenblume *Campanula rotundifolia*	blau				✿	✿	✿	✿	✿
Herbstlöwenzahn *Leontodon autumnalis*	gelb					✿	✿	✿	
Arzneithymian *Thymus pulegioides*	rosa					✿	✿	✿	

✿ = Blütezeit   (vollständige Liste aller lieferbaren und geeigneten Arten siehe Anhang ab Seite 156)

Im Porträt: Hornklee *(Lotus corniculatus)*

Den ganzen Sommer über finden sich niedrige, gelb blühende Polster auf mageren Weiden: Hornklee blüht von Mai bis August, manchmal auch bis in den September hinein. Die Staubblätter der Blüten sind in einem schmalen Schiffchen verborgen. Nur Bienen und Hummeln können den Nektar in der Blütenröhre erreichen. Einige Wildbienenarten aus den Gattungen der Wollbienen *(Anthidium)* und der Mauerbienen *(Osmia)* bevorzugen sogar Hornkleeblüten.

Auf dem unteren Schiffchen und den beiden seitlichen Flügeln der Blüte sitzend, öffnen die relativ großen und schweren Insekten die Blüte schon fast durch ihr Gewicht. So werden Narbe und Staubblätter freigelegt und berühren den Insektenkörper. Da Bienen und Hummeln in der Regel viele Blüten einer Pflanzenart nacheinander besuchen, ist nun die Befruchtung sichergestellt und bald entstehen die hornförmig gekrümmten Schoten, die diesem kleinen Klee seinen Namen gaben.

Hornklee wird gerne vom Vieh gefressen: Landwirtschaftliche Wiesenmischungen enthalten eine Kulturform des Hornklees *(Lotus corniculatus var. sativus),* auch der sogenannte Landschaftsrasen (RSM 7) kann diese Kulturform enthalten, die viel höher wird als die Wildart. Leider bastardieren die verschiedenen Hornkleearten und -formen, was in einigen Gegenden schon zum Verschwinden der Wildart geführt hat.

Wert für Tiere: Die Raupe der wunderschönen Spanischen Fahne *(Euplagia quadripunctaria)* ernährt sich von Hornklee, ist inzwischen aber recht selten geworden. Das Gleiche gilt für die verschiedenen Arten der Blutströpfchen *(Zygänen),* deren Raupen Hornkleeblätter fressen. Häufiger sind die Hauhechelbläulinge *(Polyommatus icarus),* auch in Gärten können wir regelmäßig diese kleinen blauen Schmetterlinge über Hornkleepolstern und bei der Eiablage beobachten.

Einheimische Pflanzen für Duftrasen

Deutscher Name *Botanischer Name*	Blütenfarbe	März	April	Mai	Juni	Juli	Aug.	Sept.	Okt.
Duftveilchen *Viola odorata*	violett	✿	✿						
Duftendes Mariengras *Hierochloe odorata*		✿	✿	✿					
Ruchgras *Anthoxanthum odoratum*			✿	✿					
Echte Schlüsselblume *Primula veris*	gelb		✿	✿					
Duftkreuzblümchen *Polygala chamaebuxus*	gelbrosa		✿	✿	✿				
Nickendes Leimkraut *Silene nutans*	weiß			✿	✿	✿	✿		
Steppensalbei *Salvia nemorosa*	violett				✿	✿			
Zitronenthymian *Thymus citriodorus*	rosaviolett				✿	✿			
Prachtnelke *Dianthus superbus*	rosa				✿	✿	✿		
Frühblühender Thymian *Thymus praecox*	rotviolett				✿	✿	✿		
Oregano *Origanum vulgare*	rosaviolett				✿	✿	✿		
Sandnelke *Dianthus arenarius*	weiß				✿	✿	✿	✿	
Echtes Labkraut *Galium verum*	gelb				✿	✿	✿	✿	
Schafgarbe *Achillea millefolium*	weiß				✿	✿	✿	✿	✿
Sandthymian *Thymus serpyllum*	rosa				✿	✿	✿	✿	✿
Arzneithymian *Thymus pulegioides*	rosa					✿	✿	✿	

✿ = Blütezeit   (vollständige Liste aller lieferbaren und geeigneten Arten siehe Anhang ab Seite 156)

Duftteppiche

Mit Duftrasen gehen wir den Weg zu einer einigermaßen belastbaren, pflegeleichten Fläche voller Blüten noch einen Schritt weiter als mit Blumenrasen: Hier werden Teppiche aus niedrigen Pflanzen angelegt. Die Pflanzen bleiben von Natur aus meist niedrig und bedecken den Boden. Zumeist liegt die natürliche Heimat dieser Arten in den Felsbandrasen oder den auch ohne Beweidung baumfreien alpinen Rasen. Duftende Teppiche aus Thymiansorten oder Römischer Kamille sind vor allem für kleine Flächen eine spannende Alternative zu einem Rasen, der geschnitten werden muss (siehe Seite 105). Andere, höhere Mischungen, die dann auch geschnitten werden müssen, bestehen hauptsächlich aus den duftenden Arten der Magerweiden. Das sind zum Beispiel die verschiedenen Thymianarten, Oregano, Nickendes Leimkraut und die Gräser, die den typischen Duft von trocknendem Heu verursachen: das Ruchgras und das Duftende Mariengras *(Hierochloe odorata)*.

Belastbare Rasen: Schotterrasen, Rasengittersteine, Fugenpflaster

Im Naturgarten versuchen wir, alle Flächen als Lebensräume zu gestalten, nicht nur für die Menschen, die den Garten genießen wollen, sondern auch für Tiere und Pflanzen, an denen wir uns freuen können. Das gilt auch für Wege und Plätze. Im konventionellen Garten werden diese Flächen versiegelt. Hier wächst nichts. Im Sommer heizt die Sonne versiegelte Fläche auf, sodass der Aufenthalt auf einer Südterrasse oder einem asphaltierten Schulhof unerträglich wird. Das Regenwasser fließt auf der Flächenbefestigung in die Kanalisation ab und trägt bei Starkregen zur Überlastung der Kanalisation bei. Hochwasser werden häufiger und erreichen höhere Wasserstände. Der Boden, abgeschnitten von der Atemluft für die Bodenlebewesen und ohne Befeuchtung durch Regenwasser, stirbt. Versiegelte Flächen bewirken daher vielfältige Kosten für Umwelt und Steuerzahler: Lebensraum wird vernichtet, Grundwasserneubildung verringert, Regenwasser-Rückhaltebecken müssen gebaut und Hochwasserschutz an Flüssen erhöht werden.

Im Porträt: Ruchgras
(Anthoxanthum odoratum)

Wer als Kind auf einem Heuboden spielen durfte, kennt den herrlichen Duft frischen Heus. Unwillkürlich verbinden wir ihn mit den bunten Blüten der traditionellen Heuwiesen. Heute bieten Kureinrichtungen sogar Heubäder an. Man kann Heukissen kaufen, um den entspannenden Heuduft zu erleben. Für diesen typischen Duft sind allerdings weniger die Kräuter verantwortlich, er entströmt dem Ruchgras, wenn es trocken ist. Der struppige Blütenstand dieses Süßgrases ist nicht sonderlich schön, was aber durch seinen Duft mehr als wettgemacht wird. Ruchgras ist konkurrenzschwach, nur auf mageren Böden kann es sich behaupten.

Wert für Tiere: Zahlreiche Schmetterlingsraupen nutzen das Ruchgras als Nahrungsquelle, vor allem Augenfalter wie das Große Ochsenauge *(Maniola jurtina)*, das Wiesenvögelchen *(Coenonympha pamphilus)* oder verschiedene Mohrenfalter *(Erebia)*. Sie brauchen neben dem Gras auch besonnte, offene Bereiche, an denen auch der Boden Sonne bekommt, wie das auf mageren Weiden der Fall ist.

Wenn wir befestigte Flächen versickerungsoffen anlegen und begrünen, dann stirbt der Boden nicht. Regenwasser kann versickern und zur Grundwasserbildung beitragen, die Kanalisation wird entlastet, Hochwasserereignissen wird so vorgebeugt. Aber auch für die Menschen, die diese Flächen nutzen, wird das Leben angenehmer: In Hitzeperioden steigt Wasser von unten auf und verdunstet an der Oberfläche und aus den Atemöffnungen der Pflanzen. Wenn Flüssigkeit verdunstet, kühlt sich die umgebende Luft ab. Durch diesen physikalischen Effekt heizen sich begrünte Flächen in der Sommerhitze viel weniger auf.

Wenn Flächen mit Schotterrasen befestigt werden, sind sie annähernd so belastbar wie eine gepflasterte Fläche: Sie können bei richtig dimensioniertem Unterbau sogar von Lastwagen überrollt werden. Nur starke Scherbelastungen wie der »Kavaliersstart« oder wenn die Räder auf der Stelle gedreht werden, sind ein Problem. Wenn solche Belastungen zu erwarten sind, dann können bei niedrigen gestalterischen Anforderungen die Flächen mit Rasengittersteinen befestigt werden, bei höherem gestalterischem Anspruch werden wir ein Natursteinpflaster mit weiten Fugen wählen.

Befestigte Flächen sind mager, denn sie werden aus rein mineralischen Materialien, nämlich Schotter oder Kies und Steinen angelegt. Oft liegen sie auch in der vollen Sonne. Die Pflanzen, die wir hier ansiedeln können, entstammen den bedrohten und seltenen blütenreichen Pflanzengemeinschaften der Trockenrasen.

Es gibt aber auch einige schattentolerante Gräser und Stauden, die Trockenheit aushalten. Weil ein Blumenschotterrasen nur sehr selten gemäht wird, ist die fehlende Schnittverträglichkeit dieser Gräser hier kein Problem. Dazu gehören zum Beispiel die Schattensegge (*Carex umbrosa*) oder die Vogelfußsegge (*Carex ornithopoda*).

Schotterrasenflächen ähneln je nach Benutzung entweder einem Rasen oder einem Feldweg. Auf Bereichen, die öfters beschattet werden, entweder durch ein parkendes Auto oder durch Gartenmöbel, werden die Pflanzen schütterer wachsen. Auch dort, wo der Rasen häufiger betreten wird, werden weniger Pflanzen wachsen. Wenn dies gestalterisch nicht erwünscht ist, also ein gleichmäßigerer Flächeneindruck erreicht werden soll, dann wählen wir besser ein Fugenpflaster.

Blüten für Parkplatz und Terrasse: Schotterrasenpflanzen

Deutscher Name *Botanischer Name*	Blütenfarbe	März	April	Mai	Juni	Juli	Aug.	Sept.	Okt.
Frühlingsfingerkraut *Potentilla tabernaemontani*	gelb		✿	✿	✿	✿	✿		
Hornklee *Lotus corniculatus*	gelb			✿	✿	✿	✿		
Taubenkropf-Leimkraut *Silene vulgaris*	weiß			✿	✿	✿	✿	✿	
Wiesenmagerite *Leucanthemum ircutianum*	weiß			✿	✿	✿	✿	✿	✿
Kleines Habichtskraut *Hieracium pilosella*	gelb			✿	✿	✿	✿	✿	✿
Scharfer Mauerpfeffer *Sedum acre*	gelb				✿	✿			
Ackerglockenblume *Campanula rapunculoides*	blau				✿	✿	✿		
Große Braunelle *Prunella grandiflora*	hellviolett				✿	✿	✿		
Sonnenröschen *Helianthemum nummularium*	gelb				✿	✿	✿	✿	
Echtes Labkraut *Galium verum*	gelb				✿	✿	✿	✿	
Rauer Löwenzahn *Leontodon hispidus*	gelb				✿	✿	✿	✿	
Ferkelkraut *Hypochoeris radicata*	gelb				✿	✿	✿	✿	✿
Schafgarbe *Achillea millefolium*	weiß				✿	✿	✿	✿	✿
Rundblättrige Glockenblume *Campanula rotundifolia*	blauviolett				✿	✿	✿	✿	✿
Bergsandglöckchen *Jasione montana*	blau				✿	✿	✿	✿	✿
Frauenflachs *Linaria vulgaris*	gelb				✿	✿	✿	✿	✿
Herbstlöwenzahn *Leontodon autumnalis*	gelb					✿	✿	✿	
Arzneithymian *Thymus pulegoides*	rosapurpur					✿	✿	✿	

✿ = Blütezeit   (vollständige Liste aller lieferbaren und geeigneten Arten siehe Anhang ab Seite 156)

Im Porträt: Schafgarbe *(Achillea millefolium)*

Schafgarbe gibt es fast überall auf der Welt und in fast allen Wiesentypen, nur in den intensiv gedüngten Weidelgras-Weißklee-Wiesen wird sie verdrängt. Wahrscheinlich handelt es sich bei der Schafgarbe auch gar nicht um eine einzelne Art, sondern um unzählige Arten, die sich für unser Augen, aber nicht genetisch ähneln. Deshalb ist es ausgesprochen problematisch, dass konventionelle Regelsaatgutmischungen für Landschaftsrasen Schafgarbensamen enthalten können, deren Mutterpflanzen nicht aus Mitteleuropa, sondern von Übersee, z. B. aus Neuseeland, stammen. Durch Kreuzungen mit den mitteleuropäischen Formen können diese sogar zum Verschwinden gebracht werden.

Schafgarbe breitet sich über Ausläufer aus und ist deshalb auch gut an gestörte Standorte wie Weiden angepasst. Ihre Konkurrenzkraft sorgt dafür, dass belaufene Flächen im Schotterrasen grün bleiben. Das Vieh frisst die Pflanze gerne und sie kann als Würzkraut in der Küche genutzt werden. Alle Teile der Pflanze duften aromatisch. Sie wurde deshalb als Tabakersatz und Bierwürze verwendet, aber auch zum Färben von Eiern oder Wolle. Die ätherischen Öle wirken antibakteriell und entkrampfend, zahlreiche Naturheilmittel enthalten Schafgarbe. Der Name *Achillea* leitet sich von dem griechischen Sagenhelden Achilles ab, der mit dieser Pflanze die Wunde des Königs Chiron geheilt haben soll.

Wert für Tiere: Zahlreiche Schmetterlinge und andere Insekten nutzen den leicht zugänglichen Nektar der Schafgarbe, Raupen fressen Blätter und Blüten. Die Raupen des Schafgarbenspinners *(Eupithecia millefoliata)* fressen ausschließlich Schafgarbe.

Blumenwiesen im Garten

Blumenwiesen sind wie Schotterrasen voller Blüten, werden aber möglichst wenig, nur für Pflegearbeiten, betreten. Es sind Flächen zum Anschauen, einem riesigen Blumenbeet vergleichbar.

Sie werden in der Regel auf dem Boden angelegt, den wir auf dem Grundstück vorfinden. Die Saatgutmischung wird für den jeweiligen Standort zusammengestellt. Eine Liste geeigneter Arten findet sich im Anhang (siehe Seite 156). Bei der Auswahl der richtigen Mischung sind die Lieferanten oder Naturgartenplaner behilflich.

Da die meisten Gartenböden recht nahrhaft sind, wachsen die Gräser in Blumenwieseneinsaaten recht gut. Es ist deshalb ratsam, konkur-

---

Keine Blumenwiese: Klatschmohn, Kornblume & Co.

Die bunten Tüten mit Blumenwiesensamen aus dem Baumarkt zieren sie und im ersten Jahr blühen sie auch: die bunten Blumen der Ackerwildkrautflora. Klatschmohn, Kornblumen, Kornraden und Saatwucherblume sind einjährige Pflanzen, die an regelmäßige Standortstörungen angepasst sind. Blumenwiesenkräuter sind dagegen zumeist ausdauernde Stauden. Sie sind im ersten Jahr damit beschäftigt, eine starke Rosette zu bilden. Sie blühen erst im zweiten oder dritten Jahr. Die fantastischen Blüten von Klatschmohn & Co. haben sogar einen entscheidenden Nachteil. Sie verhindern, dass die Gartenbesitzer ihre frisch eingesäte Blumenwiese dann schneiden, wenn ein erster Schröpfschnitt die einjährigen Beikräuter entfernen sollte. Die Wiese wird dann wegen der Blüten nicht gemäht und die jungen Rosetten bekommen zu wenig Licht. Für die Blüten der Ackerwildkräuter kann man eigene, jährlich umgebrochene Beete anlegen, oder man nutzt das entsprechende Saatgut nur gelegentlich, wenn eine Stauden- oder Gehölzfläche neu angelegt wird, als Zwischensaat.

---

renzstarke Obergräser wie Knaulgras *(Dactylis glomerata)* oder auch Glatthafer *(Arrhenatherum elatius)* nicht mit auszusäen. In Gartenblumenwiesen beschränken wir uns besser auf die wuchsschwächeren Untergräser wie Wiesenrispe, Kammgras, Straußgras und Ruchgras.

Extensive Begrünungen auf Magerstandorten – nicht nur im Garten

Wenn wir auf Fotos sehen, wie arten- und blütenreich unsere Felder und Wiesen noch in den fünfziger und sechziger Jahren des vergangenen Jahrhunderts waren, verstehen wir, warum immer mehr Tierarten verschwinden. Dabei könnten viele Flächen an Straßen, aber auch in Parks mit blütenreichen Wildstaudenmischungen begrünt werden. Was finden wir heute? Artenarme Rasen, in Kastenform geschnittene Gehölze, einige Bäume und Bodendeckerflächen mit »Finanzamtsgrün« wie Cotoneaster. Der Pflegeaufwand ist hoch, der ökologische Wert gering. In Modellprojekten haben sie sich schon bewährt, die extensiven Begrünungen: Der Oberboden wird abgetragen, stattdessen wird Kies oder Schotter aufgefüllt, steriler Grünkompost als Startdünger aufgebracht und eine Mischung einheimischer Wildstauden eingesät. Diese Flächen müssen nur einmal im Jahr gemäht werden. Sie sind ökologisch wertvoll und erfreuen uns durch ihren Blütenreichtum.

Bewährt hat sich diese Technik, leicht zu pflegende blütenbunte Flächen anzulegen, in Naturgärten, insbesondere bei der Anlage von Naturerlebnis-Spiel-Räumen (siehe Literaturtipp auf Seite 172).

Im Privatgarten sind solche Extensivbegrünungen vor allem für große, pflegeleichte Blumenbeete oder für Beete mit Mittelmeerkräutern (beispielsweise Salbei, Thymian, Currykraut) empfehlenswert.

Um die besonders blütenreichen Wiesentypen der Halbtrockenrasen und Magerrasen im Garten anzusiedeln, können wir nicht mit den meist vorhandenen nährstoffreichen Böden arbeiten. Solche Flächen brauchen mineralische Substrate aus Kies oder Schotter, die mindestens 30 Zentimeter hoch aufgetragen werden.

Im Porträt:
Skabiosenflockenblume
(Centaurea scabiosa)

Prächtig leuchten auf sehr mageren Standorten die großen tiefvioletten Blüten der Skabiosenflockenblumen im Sommer und bis in den Herbst hinein. Was wie eine einzige Blüte wirkt, ist, wie bei allen Korbblütlern, eigentlich ein Blütenstand aus vielen Blütchen. Bei Flockenblumen sind die äußeren Blüten mit ihren langen fedrigen Fortsätzen allerdings steril und dienen allein der Anlockung von Insekten. Nur Arten mit langen Mundwerkzeugen können den Nektar erreichen, der tief unten am Grund der Röhrenblüten versteckt liegt. Wenn ein Insekt die Blüte besucht, verkürzen sich die zu einer Röhre verwachsenen Staubblätter und der Griffel drückt wie ein Stempel den Pollen an den Bauch des Insekts.

Wert für Tiere: Zahlreiche Schmetterlingsarten, vor allem Bläulings-Arten, Scheckenfalter und Blutströpfchen, besuchen die Blüten der Flockenblumen, einige Falter sind auch auf Flockenblumen spezialisiert, so ernähren sich die Raupen des Flockenblumen-Scheckenfalters *(Melitaea phoebe)* von den Blättern und die erwachsenen Tiere besuchen die Blüten. Auch große Wildbienenarten wie Hummeln und Pelzbienen besuchen die Blüte gerne.

Rasen und Wiesen planen

Den Standort untersuchen

Wiesen und Rasenflächen können auf jedem Boden angelegt werden, wenn der Standort nur genügend Sonne bekommt. Es ist hilfreich, wenn wir den Boden, wie oft empfohlen, mit Sand abmagern. Voraussetzung für eine gelingende Blumenwieseneinsaat ist allerdings das richtige Saatgut, nicht der magere Boden. Es gibt für alle Standorte in Mitteleuropa die passenden Wiesengesellschaften, auch für sehr nährstoffreiche Auenböden. Wenn wir uns eine Blumenwiese oder einen Blumenrasen wünschen, werden wir uns dies in jedem Garten erfüllen können, es sei denn, die gesamte Fläche liegt im Schatten. Für die Auswahl des richtigen Saatgutes sollten wir allerdings wissen, auf welchem Boden wir die Wiese anlegen.

Blumenrasen, der ja häufiger begangen werden soll, braucht zudem einen tragfähigen Boden. Um zu wissen, ob der Boden unseres Gartens für eine regelmäßig belastete Fläche geeignet ist, sollten wir untersuchen, welche Bestandteile, insbesondere wie viel Sand, er enthält.

Die Struktur des Bodens

Die Bestandteile des Bodens werden nach ihrer Größe unterteilt: Neben den steinigen Beimengungen wie Fels, Schotter (gebrochener Stein) und Kies (durch Erosion runder Stein) unterscheiden wir Sand, Schluff und Ton. Sand bezeichnet noch fühlbare Körner, Schluff sind die mehligen Bodenbestandteile und Ton die sehr feinen Bodenbestandteile, die sich seifig anfühlen, wenn wir sie feucht zwischen den Fingern verreiben.

Es ist einfach, in Grundzügen herauszufinden, welche Bodenart auf einer Fläche vorliegt. Wir stechen dazu an mehreren, auf der Fläche gleichmäßig verteilten Stellen, ein Spatenblatt Boden ungefähr 30 Zentimeter tief ab. So untersuchen wir später die Bodenschicht, die am stärksten durchwurzelt ist, die also für unsere Pflanzen auch relevant ist. Wenn die Erde auf dem Spaten liegt, können wir leicht Pflanzen und Wurzeln entfernen, damit sie die weitere Untersuchung nicht stören. Diese Mini-Bodenprofile mischen wir in einem großen Eimer gut

Die Bestandteile des Bodens

Bodenbestandteil	Korngröße
Ton	unter 0,00063 mm
Schluff	0,00063 – 0,02 mm
Sand	0,02 – 2 mm
Kies	2 – 63 mm
Steine	63 – 200 mm
Blöcke	über 200 mm

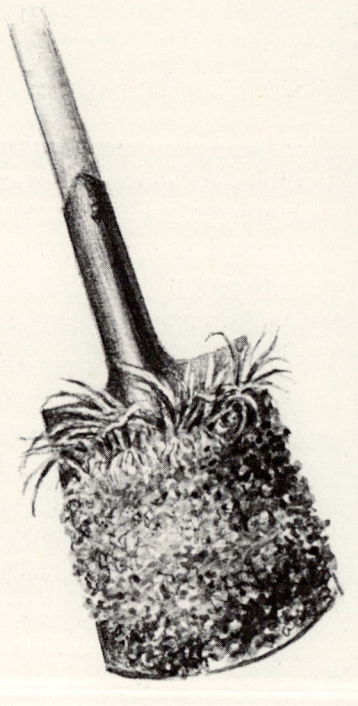

Für die Bodenuntersuchung werden mehrere Spatenblätter an verschiedenen Stellen der zu untersuchenden Fläche abgestochen, der Bewuchs entfernt und die Erde in einem Eimer gemischt.

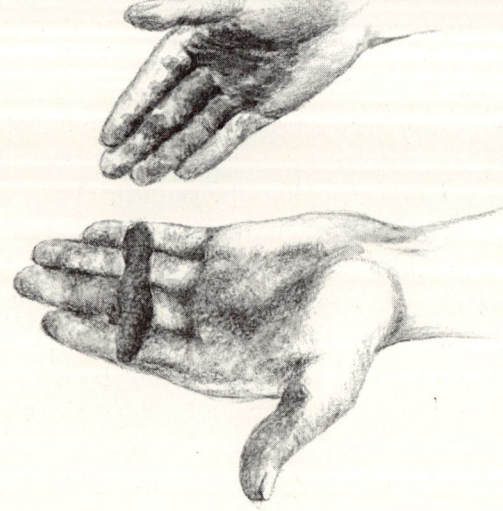

Der Boden wird zwischen den Händen ausgerollt, bindige Böden können auf Bleistiftdicke oder dünner ausgerollt werden, ohne zu zerkrümeln.

durch und entnehmen für die weiteren Untersuchungen Teilproben aus diesem Eimer. Durch das Mischen verhindern wir, dass zufällige lokale Veränderungen des Bodens, zum Beispiel, weil ein Handwerker früher an einer Stelle einmal seinen Mörtelkübel gereinigt hat, unser Ergebnis verfälschen. Der Boden sollte eine normale Feuchte aufweisen, wenn er zu trocken ist, können wir ihn etwas anfeuchten.

Als Erstes nehmen wir etwas Erde in die Hand und versuchen, sie zwischen den Händen zu einer Rolle zu formen. Ist dies nicht möglich, dann liegt ein Sandboden oder ein Schluffboden vor. Bei Sandböden können wir die Sandkörner zwischen den Händen fühlen, Schluff fühlt sich mehlig an. Ganz Mutige nehmen etwas Erde zwischen die Zähne, um herauszufinden, ob der Boden Sand enthält.

Sand- und Kiesböden sind ein Geschenk für Naturgärtner: Sie halten Nährstoffe und Wasser schlecht. Sie sind eine ideale Grundlage für blütenreiche Wiesen und Rasen, weil die Kräuter nicht durch mastige Gräser verdrängt werden können.

Schluffböden, wie sie in den Lössbörden vorkommen, sind sehr interessante, aber auch gleichzeitig hochempfindliche Böden. Die Poren in Schluffböden haben eine mittlere Größe und halten Wasser und Nährstoffe gut, aber nicht zu fest. Die Pflanzenwurzeln können diesen Böden beides gut entnehmen. Lössböden sind deshalb enorm fruchtbar. Allerdings sind sie sehr empfindlich, wenn sie in nassem Zustand bearbeitet werden. Sie verdichten sich dann leicht, und wenn sie keinen Sand enthalten, sind diese Verdichtungen im Bereich der Bodenkrümel kaum mehr aufzubrechen. Eine Grundregel des Bodenschutzes gilt für Schluffböden im Besonderen: Der Boden darf nur bearbeitet werden, wenn er krümelt!

Zumeist werden wir einen Lehmboden vorfinden. Das ist ein Boden, der Sand, Schluff und Ton in ungefähr gleichen Anteilen enthält. Ein Lehmboden lässt sich leicht auf halbe Bleistiftstärke ausrollen.

Wenn der Boden viele sehr feine Bestandteile enthält und wenig Sand, dann liegt ein Tonboden vor. Solche Böden lassen sich viel dünner als zur halben Bleistiftstärke ausrollen. Tonböden können viel Wasser und Nährstoffe speichern, sie halten beides allerdings aufgrund der Kapillarkräfte so fest, dass die Pflanzenwurzeln dem Boden beides kaum mehr entziehen können. Die Pflanzen verhungern und verdursten sozusagen im Schlaraffenland. Tonböden neigen zu Verdichtungen und zu Staunässe. Unverändert sollten sie, vor allem wenn sie feucht sind, nicht belastet werden.

Wenn wir einen Blumenrasen auf einem tonhaltigen Boden anlegen wollen, sollten wir zunächst Sand einarbeiten, um die Tragfähigkeit des Bodens zu verbessern. Schwierig ist die Anlage einer Rasenfläche, wenn das Wasser wegen dichter Schichten im Untergrund gar nicht abfließen kann, wenn der Boden staunass ist. Eine benutzbare Rasenfläche kann dann nur entstehen, wenn dieses Wasser abgeführt wird. Dazu muss die dichte Schicht aufgebrochen oder die Fläche drainiert werden (siehe Seite 81). Ist dies nicht möglich, dann sollten wir an dieser Stelle eher eine Feuchtwiese oder ein Sumpfbeet statt eines Rasens anlegen.

Kalkgehalt und pH-Wert

Nachdem wir die Struktur des Bodens untersucht haben, sollten wir noch den Säuregehalt, den sogenannten pH-Wert, und den Kalkgehalt des Bodens bestimmen. Zur Bestimmung des Kalkgehaltes tropfen wir auf eine kleine Menge Erde, die wir in eine Porzellanschale gegeben haben, wenige Tropfen zehnprozentige Salzsäure (aus der Apotheke). Schutzbrille und Handschuhe schützen uns davor, dass wir uns mit der Salzsäure verätzen. Wenn hörbare oder sichtbare Bläschen entstehen, dann enthält der Boden Kalk.

Kalk stabilisiert die Struktur des Bodens, kalkhaltige Böden sind deshalb eher belastbar als kalkfreie. Manche Pflanzen vertragen allerdings keinen Kalk, wir brauchen diese Information deshalb vor allem für die Wahl der Saatmischung.

Kalkhaltige Böden sind immer alkalisch. Saure Böden enthalten nie Kalk. Es gibt allerdings auch noch andere Stoffe im Boden, die die Säuren neutralisieren. Deshalb sollten wir, vor allem bei kalkfreien Böden, zusätzlich noch den pH-Wert bestimmen. Dazu mischen wir in einem sauberen Glas ungefähr 100 Gramm der Bodenmischung mit einem Viertelliter destilliertem Wasser, schütteln gut durch und lassen die Mischung dann einige Zeit stehen. Dann stellen wir ein pH-Messstäbchen (sogenannte »nicht ausblutende« aus der Apotheke) hinein und bestimmen nach einiger Zeit den pH-Wert durch Vergleich mit der mitgelieferten Farbskala.

Licht und Schatten

Wiesen und Weiden sind grasdominierte Pflanzengemeinschaften der offenen und halboffenen Landschaften. Aus dieser Beschreibung wird schon klar: ohne Licht kein Rasen und keine Blumenwiese. Auch wenn an der Nordseite des Hauses kein einziger Baum steht: Hier herrscht tiefer Schatten, hier werden weder Blumenwiese noch Blumenrasen gedeihen. Grund dafür ist, dass es zwar schattenverträgliche Gräser gibt, aber keines dieser schattenverträglichen Gräser ist gleichzeitig schnittverträglich. Eine Fläche, auf der ein Rasen oder eine Wiese angelegt werden soll, muss mindestens halbschattig sein, d.h. 60 Prozent der Lichtausbeute einer vollbesonnten Fläche bekommen. Dabei ist es günstiger, wenn Morgensonne auf die Fläche fällt, als wenn der Lichtanteil abends einfällt. Morgens ist die Fotosynthese-Aktivität der Pflanzen größer als am Abend.

Profil

Manchmal gibt es in Gärten steile Hänge, die nicht genutzt werden können. Wäre hier nicht der ideale Standort für eine Blumenwiese oder einen Blumenrasen? Im Prinzip ja, besonders wenn der Hang in der vollen Sonne liegt und mager ist. Hänge sind trockener und magerer als flache Bereiche mit dem gleichen Boden, denn hier läuft das Wasser schneller ab. Leider stellen sie aber für den, der die Flächen pflegt, eine körperliche Herausforderung dar.

Bei größeren Hangflächen ist es empfehlenswert, den Garten zu terrassieren, denn steile Hänge können kaum genutzt werden, von der winterlichen Schlittenpartie einmal abgesehen. Hinweise zum Gestalten von terrassierten Gartenbereichen finden sich auf Seite 109.

Klima

Wissen Sie, wie viel Regen bei Ihnen im Durchschnitt fällt? Über die Internetseiten der Wetterdienste kann jeder leicht die Klimadaten seines Wohnortes recherchieren. In regenreichen, kühlen Gebieten wachsen andere Pflanzen als in trockenen, warmen Gegenden. Manche Pflanzenarten vertragen keine tiefen Fröste. Nun ist es nicht so tragisch, wenn die eine oder andere Pflanzenart der ausgesäten Blumenwiesen- oder Blumenrasenmischung nach kurzer Zeit wieder ausfällt, aber eine gute Saatgutfirma wird Saatgutmischungen für die verschiedenen Klimazonen bei uns anbieten können. Dabei wird es sich dann auch um standortheimische Herkünfte handeln. Das bedeutet, die Mutterpflanzen, von denen das Saatgut in der Samenpackung stammt, kommen aus Ihrer Region. In der freien Landschaft darf nach der Neufassung des Bundesnaturschutzgesetzes von 2009 nur noch standortheimisches Saatgut ausgebracht werden. Es gibt zwar eine Ausnahmeregelung bis 2020, die aber besagt, dass nicht standortheimische Herkünfte nur noch dann ausgebracht werden dürfen, wenn die standortheimischen nicht zur Verfügung stehen. Was in der freien Landschaft Pflicht ist, sollte uns im naturnahen Garten das Ziel sein.

Rasenflächen in die Gartenlandschaft integrieren

Der Rasen als »Bodenbelag« von Gartenräumen

Bei jeder Gartenplanung steht am Anfang die Frage, welche Bedürfnisse die Nutzer der Fläche haben. Denn erst einmal sollte geklärt werden, welche Funktionen die Gartenfläche erfüllen soll.

Auch wenn es rein dekorative Gartengestaltungen gibt, die eher einem begehbaren Bild gleichen, so wird von den meisten Gärten doch mehr erwartet als zwecklose Schönheit. *Form follows function*, aus der Funktion ergibt sich die Form, diese Maxime des Bauhauses bleibt auch in der Gartengestaltung die Richtschnur menschenfreundlichen und guten Gestaltens. Meistens bedeutet das dann, dass eine oder wenige Funktionen einem Gartenraum zugewiesen werden und dass die einzelnen Teilbereiche, durch Wege verbunden, eine schöne Raumfolge ergeben.

Der »Bodenbelag« eines Gartenraumes kann mit mineralischen Stoffen wie Sand, Kies, Splitt und Schotter gestaltet werden, mit einem Wegebelag befestigt werden oder eben als Rasen oder Wiese angelegt

Ein Plätzchen für die Wäsche

Wäschetrocknen und Bleichen auf den »Rasenbleichen« sind die ersten Nachweise für regelmäßig gemähte Rasenflächen im städtischen und dörflichen Bereich. Hier wurde die Wäsche ausgebreitet und unter dem Einfluss des Sonnenlichts entstanden in der Wäsche geringe Mengen Sauerstoffperoxid, die Vergilbungen oder Flecken zum Verschwinden brachten. Sogar der Sauerstoff aus den Rasengräsern soll eine Rolle dabei gespielt haben.

In der Zeit der Klimaerwärmung ist es nur zu verständlich, wenn verantwortungsbewusste Gartennutzer ihre Wäsche wieder im Garten trocknen möchten, statt in stromfressenden Trocknern. Ein solcher Wäschetrockenplatz wird nur gelegentlich betreten und kann deshalb sehr gut als Rasenfläche angelegt werden.

Problematisch ist die Anordnung von Wäschespinnen in der Mitte einer Rasenfläche im Garten. Wäschespinnen haben die gestalterisch unangenehme Eigenschaft, nicht mit der trockenen Wäsche ins Haus gebracht zu werden, sondern im Garten zusammengeklappt stehen zu bleiben. Wie viel schöner sähe der Garten ohne sie aus! In kleinen Gärten ist deshalb ein Wäscheständer empfehlenswert. Er kann nach Gebrauch leicht weggeräumt werden. Auch kann man mit dem Wäscheständer der Sonne folgen und die Wäsche trocknet schneller.

In größeren Gärten lohnt sich die Anlage eines durch eine niedrige Heckenpflanzung oder durch hohe Staudenbeete dem Blick entzogenen Wäschetrockenplatzes. Er sollte in der vollen Sonne liegen und wird deshalb oft in der Nähe des Nutzgartenbereiches sein, denn auch Gemüse und Obst gedeihen umso besser, je mehr Sonne sie bekommen.

sein. Der Wechsel zwischen zwei Oberflächeneigenschaften bildet schon eine Raumgrenze, die durch vertikale Elemente noch verdeutlicht werden kann.

Blumenwiesen können, wie wir bereits gesehen haben, nicht für Flächen vorgesehen werden, die begangen werden sollen. Sie sollten im

Garten eher wie Blumenbeete betrachtet werden, deren Größe auch so erheblich sein kann, dass sie eigene Gartenräume darstellen.

Regelmäßig begangene oder befahrene Flächen sollten befestigt werden, damit sie immer gleichmäßig eben und trocken sind. Dazu eignen sich neben Platten- oder Pflasterbelägen und wassergebundenen Wegedecken in besonderer Weise auch die Schotterrasen.

Rasen, sowohl konventioneller Rasen als auch Blumenrasen, eignen sich für Flächen als »Bodenbelag«, die betreten oder bespielt werden sollen. Solche Funktionen sind beispielsweise:

- Ballspiel,
- Betreten zum Genießen des Gartens oder um Beete für Pflegearbeiten zu erreichen,
- Wäsche zum Trocknen aufhängen,
- Sonnenbaden, Liegen und Lagern.

Rasenwege und Wege durch den Rasen

»Der Weg ist das Ziel«, gilt in besonderem Maße auch für die Gartengestaltung. Wege sind nicht nur eine Möglichkeit, im Garten sauberen und trockenen Fußes von A nach B zu kommen, viel wichtiger ist, dass sie das Bild des Gartens das ganze Jahr über prägen. Dem Weg folgt das Auge, wenn wir den Garten betrachten, selbst wenn das im Winter mit einer warmen Tasse Tee in der Hand vom Wohnzimmerfenster aus geschieht. Die Führung der Wege, geradlinig und streng, organisch und klar oder ganz undeutlich und unregelmäßig, prägt den Stil des Gartens. Über die ungewohnt wilden Pflanzenbilder des naturnahen Gartens sagt ein gut gestalteter Weg zum Betrachter: »Ja, dieser Garten ist so gemeint, entdecke seine Schönheit!« Wege, die in hochwertiger Handwerksarbeit erstellt wurden, strahlen Gediegenheit aus, und wenn ein humorvoller Handwerker ein witziges Bild geschaffen hat, kann der Weg die Betrachter auch zum Lächeln bringen. Wenn die Wegeführung die zur Verfügung stehende Fläche voll auskostet und gut begründet, zum Beispiel weil die Wege um nicht betretbare Gartenelemente herumgeführt werden, möglichst lang sind, dann erscheint der Garten größer, als er ist. Wege und Plätze als zweidimensionale, flächenhafte Elemente müssen dabei gut mit den anderen flä-

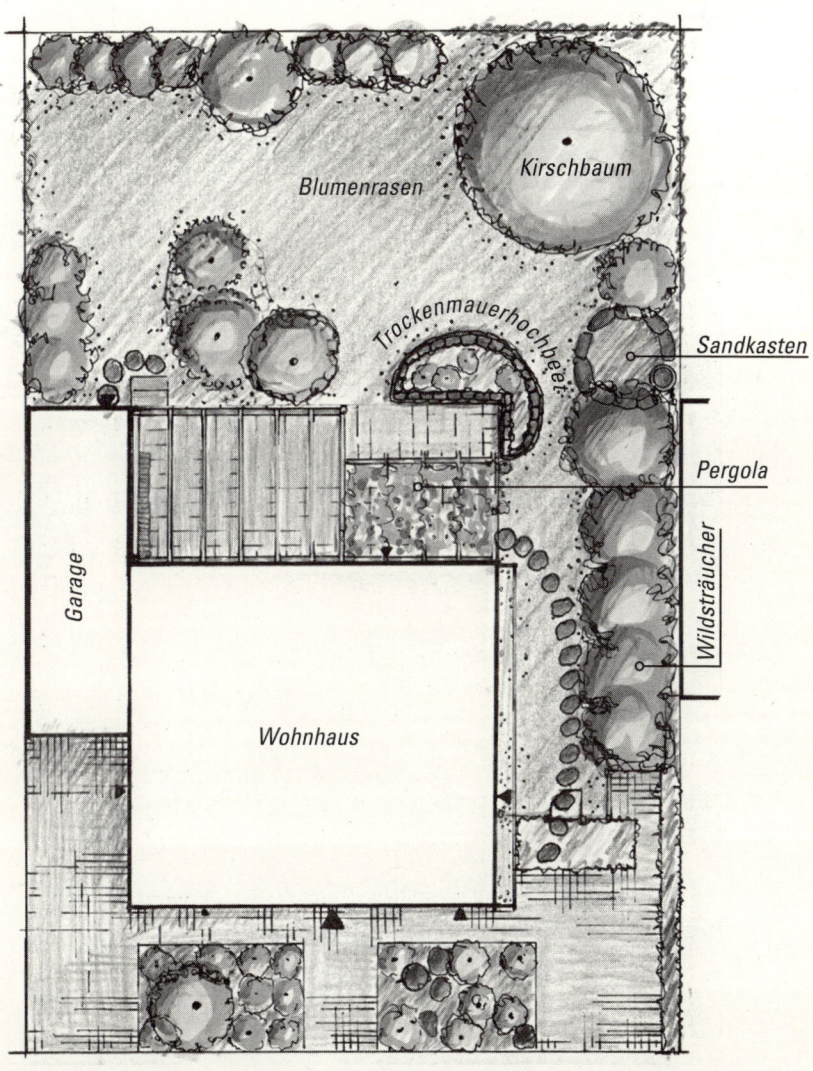

Kein Rasen mit Borte: Hier wurden durch wenige Veränderungen trotz zentraler Rasenfläche verschiedene Gartenräume geschaffen: Trockenmauerhochbeet, Gebüschgruppe und Pergola begrenzen die große Terrasse und teilen sie in zwei Teilräume auf. Der Bereich unter dem Kirschbaum und die Fläche hinter der Garage haben keine Hecke an der Grundstücksgrenze und wirken deshalb als eigener Gartenraum. Auch der Sandkasten wird von Gehölzen eingefasst.

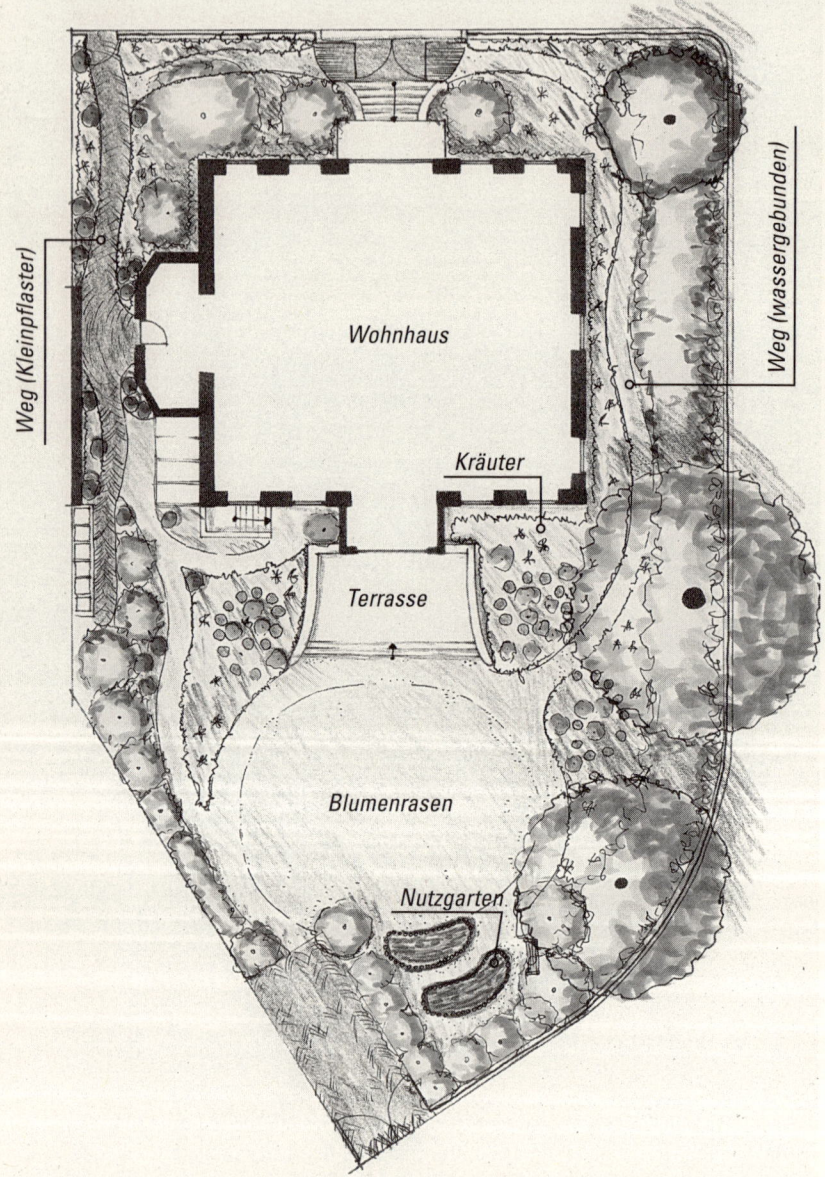

Bei Wegen durch eine Rasenfläche hindurch auf harmonisches Verhältnis der
Teilflächen achten. Besser ist die Anordnung des Wegs am Rand der Rasenfläche
oder zwischen Rasenfläche und Beeten.

chenhaften Elementen des Gartens wie Wasser- oder Rasenflächen in Beziehung stehen.

Eine Möglichkeit, den Garten zu gestalten, ist, den Rasen zum Weg zu machen. So kann eine Rasenfläche, mal schmaler, mal weiter, durch die unterschiedlichen Räume des Gartens hindurchführen.

Rasenwege können auch in Wiesen hinein gemäht werden. Das ist eine besonders schöne und flexible Möglichkeit, die Blumenwiese erlebbar zu machen.

Für Plätze und Wege eignet sich besonders der Schotterrasen. So werden die Flächen fest und belastbar und vor allem bei feuchtem Wetter auch trocken. Normaler Rasen auf Oberboden verwandelt sich leicht in eine Schlammwüste, wenn er bei feuchtem Wetter öfters begangen wird.

Der Rasen kann aber auch eine Fläche darstellen, durch die der Weg hindurchführt. Dann sollte man darauf achten, dass die Teilflächen, die durch die Wegelinie entstehen, in einem harmonischen Verhältnis zueinander stehen. Das bedeutet nicht, dass sie gleich groß sein müssen, es sollten nur keine kleinen und funktionslosen Restflächen entstehen. Wege im Rasen sind nicht unproblematisch, nicht nur gestalterisch. Sie vermehren auch die Kanten, die gepflegt werden müssen, wo vielleicht sogar verhindert werden muss, dass Rasengräser in den Weg hineinwachsen. Vor allem bei wassergebundenen Wegen kann das Probleme geben. Wassergebundene Wege sollten, wenn sie an Rasenflächen angrenzen, mit Einfassungen versehen werden, bei denen die Fugen mit Mörtel geschlossen sind. Führt der Weg durch eine Rasenfläche, bietet sich besonders der Trittplattenweg an. Hier ergeben sich keine problematischen Rasenkanten, er ist sehr preisgünstig zu erstellen, und er zieht dennoch deutliche Linien durch den Garten.

Übergänge gestalten und Grenzen setzen – Alternativen zur Rasenkante

Wir haben die Gartenräume mit ihren Funktionen festgelegt und verbindende Wege geplant. Jetzt kennen wir die Teilflächen unseres Gartens und wissen, wo Rasen- und Wiesenflächen angelegt werden sollen und wo sie an andere Flächen angrenzen. Nun stellt sich die Frage, wie genau diese Grenzen der Rasenflächen gestaltet werden sollen. Sind das

fließende Übergänge oder gestalten wir die Grenzen fest und unverrückbar?

In der Natur gibt es kaum scharfe, unverrückbare Grenzen, Natur
tritt uns eher als ein Kontinuum gegenüber. Allein der menschliche
Verstand versucht Grenzen zu finden oder festzulegen, um einzuord-
nen und um zu verstehen, sich zurechtfinden zu können und – letztendlich – zu beherrschen. In den ursprünglichen halboffenen Weidelandschaften gibt es keine scharfen Grenzen zwischen Wald und Weide,
zwischen Weiderasen und Saum. Vor allem sind die Übergänge in der
Zeit und im Raum dynamisch und gerade diese Dynamik begründet
den großen Artenreichtum dieser Landschaften.

Inwieweit wir eine solche Dynamik mit ihren fließenden Übergän-
gen in unserem Garten zulassen, ist eine gestalterische Entscheidung
oder, etwas einfacher ausgedrückt, eine Geschmacksfrage: Wie geordnet soll mein Garten sein und wie unverrückbar und fest soll diese Ord-
nung bleiben? Lasse ich dynamische Prozesse auf der ganzen Fläche zu
oder erlaube ich natürliche Entwicklungen und Veränderungen nur auf
eingegrenzten Teilflächen?

Die Dynamik der Natur kann ich als Lebendigkeit empfinden, die
ich in meinem Reich willkommen heiße, interessiert wahrnehme und
genieße. Ich kann sie aber auch als Bedrohung meiner Souveränität
erfahren. Grenzen setzen und verteidigen ist dann eine Bestätigung des
Selbstwertes. Dies ist wohl der Grund, warum nicht nur in den amerika-
nischen Vorstädten, sondern auch hierzulande der regelmäßig gemähte
und mit einer Rasenkante scharf abgegrenzte Rasen vor dem Haus als
Zeichen der sozialen Wertigkeit des Hausbesitzers angesehen wird.

Im Folgenden werden fließende und abgrenzende Übergänge von
Rasen und Wiesen zu anders beschaffenen Gartenflächen vorgestellt.

Übergang vom Rasen zu Wasserflächen

Wasserflächen ziehen uns magisch an. Es ist wunderschön, am Teich
zu sitzen und das vielfältige Leben am und im Wasser zu betrachten.
Deshalb ist es sinnvoll, wenn das Ufer des Teichs durch einen Weg, und
seien es nur Trittsteine, erschlossen wird. Ein Weg am Teich eröffnet
auch eine gestalterisch geschickte Möglichkeit, hier eine Kapillarsperre

einzubauen, die verhindert, dass Pflanzen und Erdreich Wasser aus dem Teich ziehen.

Rasenflächen, die direkt an Teiche grenzen, sind eher problematisch. Es ist ja gestalterisch sinnvoll, den Teich an der tiefsten Stelle des Gartens anzulegen. Wenn dann aber das Oberflächenwasser über Rasenflächen in den Teich läuft, geraten ständig Nährstoffe hinein. Dies kann zu Algenblüten führen. Wenn nährstoffreiches Oberflächenwasser in den Teich gelangen kann, sollte daher am Außenrand des Teiches eine Drainage angelegt werden, die das Oberflächenwasser abführt. Die Drainage kann unter einer Schotter- oder Kiesfläche verlegt werden, womit ein gleitender Übergang zu dem Bereich der Kapillarsperre geschaffen wird.

Ob Weg oder Schotterband: Zwischen Rasen und Teich sollte ein Pufferbereich liegen.

Angrenzende Blumenbeete

Ähnlich problematisch wie die nicht abgegrenzte Nähe von Rasen- und Wasserfläche ist es, wenn eine Rasenfläche ohne Abgrenzung in ein Blumenbeet übergeht. Rasengräser haben ja die Eigenschaft, sich auszubreiten, sei es mit Samen oder mit Ausläufern. Besonders aggressiv in dieser Hinsicht sind die Rasengräser konventioneller Rasenmischungen. Sie sind speziell auf Ausbreitungsfreudigkeit hin gezüchtet, um andere krautige Pflanzen, die »Rasenunkräuter«, zu unterdrücken. Das tun sie dann aber auch mit den Stauden im Blumenbeet, wenn sie erst einmal dort angekommen sind. Die schwach wachsenden Wildgrasarten der Blumenrasenmischungen sind da weniger problematisch. Aber auch hier ist eine deutliche Trennung hilfreich, um die Pflegearbeiten im Blumenbeet zu minimieren. Am sinnvollsten ist es, Blumenbeet und Rasen durch einen Weg zu trennen. Vom Weg aus können dann die Pflegearbeiten im Blumenbeet leicht durchgeführt werden und der Weg dient als Puffer zwischen Beet und Rasen.

Es gibt aber noch andere Möglichkeiten, die Menge der Pflegearbeiten in einem an einen Rasen angrenzenden Blumenbeet zu begrenzen: Eine Einfassung, zum Beispiel aus Natursteinen, kann den Rasen eingrenzen. Je mehr Fugen eine solche Einfassung hat und je schmaler sie ist, desto wichtiger ist es, die Fugen mit Mörtel zu schließen, vor allem wenn konventionelles Rasensaatgut verwendet wurde. Denn die Ausläufer der Gräser werden in den Fugen Fuß fassen und sind dann kaum mehr zu entfernen. Eine besonders schöne und naturnahe Möglichkeit, Blumenbeete von Rasenflächen abzugrenzen, ist die Verwendung liegender Baumstämme. Wenn die Stämme mehr als 20 Zentimeter Durchmesser haben, werden die Rasenpflanzen nicht mehr darüber hinweg wachsen, die Ausläufer rutschen einfach immer wieder herunter, wenn sie sich in Richtung Blumenbeet ausbreiten. Außerdem wird der Garten mit dieser Abgrenzung mit einem der wichtigsten Bioptypen, dem Totholz, angereichert.

Trockenmauern frei halten

Trockenmauern sind – richtig gebaut – wunderschön und ökologisch wertvoll. An diesen hohlraumreichen Magerstandorten finden zahlreiche Tiere nicht nur Unterschlupf und Brutstätten, sondern auch reichlich Nahrung an den blütenreichen begleitenden Stauden. Wildbienen und andere Insekten gelangen an Nektar und Pollen, Spinnen und Reptilien finden durch das reiche Insektenleben der Trockenmauern ihre Beutetiere.

Das ökologische Potential der Trockenmauern geht dann verloren, wenn sie an nährstoffreiche Rasen oder Wiesenstandorte angrenzen. Im Schutz des Mauerfußes, wobei hier auch der Schutz vor dem Mäher gemeint ist, wuchert das Gras besonders hoch und verschattet die Mauer. Um den ökologischen Wert einer Trockenmauer voll zum Tragen zu bringen, sollten sowohl Mauerfuß als auch Mauerkrone als magerer Trockenstandort gestaltet werden. Was läge näher, als die Pflanzfläche hinter der Mauer als Schotterbeet anzulegen, zum Beispiel mit trockenheitsliebenden Duftstauden, die damit ein bisschen in Nasenhöhe gehoben werden? Am Mauerfuß bietet sich statt Rasen ein Schotterrasen oder eine andere versickerungsoffene Flächenbefestigung wie ein weitfugiges Natursteinpflaster an, auf dem die eher schüttere und niedrigere Vegetation der Trockenrasen gedeiht.

Magerstandorte vor dem Mauerfuß und auf der
Mauerkrone halten Trockenmauern von wuchernden Gräsern frei.

Bäume mögen's rasenfrei

Bäume im Rasen, das kommt unserem inneren Bild von einem schönen
Garten bzw. einer schönen Landschaft sehr entgegen. Eine markante
Baumgestalt spricht uns unmittelbar an. Wir nehmen einen knorrigen,
frei stehenden Baum, dem man das Überdauern von vielen Jahren in
Wind und Wetter ansieht, geradezu als Persönlichkeit wahr. Die Maler
der Romantik haben oft solche Bäume in ihren Landschaftsbildern
dargestellt.

Aber Vorsicht: Baumpfleger sprechen vom Rasen als dem »Leichen-
tuch« der Bäume. In Experimenten hat sich gezeigt, dass Bäume, unter
denen zuvor kein Rasen wuchs, sterben, wenn dort Rasen angelegt
wird. Die Baumwurzeln der meisten Arten brauchen einen lockeren,
gut durchlüfteten, humusreichen und gleichmäßig feuchten Boden.
Empfindlich sind vor allem unsere Waldarten, insbesondere die Rotbuche *(Fagus sylvatica)*. Schon ein nur fünf Zentimeter dicker Humus-

auftrag kann eine Rotbuche zum Absterben bringen. Wenn unter älteren Bäumen Rasen neu angelegt wird, der dann auch noch regelmäßig genutzt wird, dann führt das zu Verdichtungen und der Sauerstoffgehalt im Boden sinkt. Allein dieser Effekt kann zum Absterben von Wurzeln führen. Außerdem saugt die dichte Lage von Graswurzeln unter einem regelmäßig gemähten Rasen Wasser und Nährstoffe auf wie ein Schwamm. Die Baumwurzeln können mit dieser Konkurrenz nicht mithalten.

Aber auch gestalterisch ist der Plan, unter der ausladenden Krone eines Baumes Rasen anzulegen, fragwürdig, denn im Vollschatten unter der Krone wird der Rasen kaum gedeihen. Hier wird bald der nackte Boden hervorschauen, der noch verdichtungsempfindlicher ist als die Grasnarbe. Unglücklicherweise haben Bäume dort die meisten Feinwurzeln, wo der Rasen noch gedeiht, nämlich direkt außerhalb der Kronentraufe. Wem die Erhaltung eines Baumes am Herzen liegt, sollte dort keinen neuen Rasen anlegen. Für den Baum sind Beetflächen mit Bodendeckern oder niedrige Gehölzpflanzungen günstiger. Ein paar Trittplatten in dieser Fläche, die zu einer Sitzbank führen, schaden dem Baum nicht. Auch eine Blumenwiese bzw. im weniger besonnten Bereich ein Schattensaum ist den Baumwurzeln zuträglicher als Rasen.

Aber liegt hier nicht ein Widerspruch vor? Markante Einzelbäume und Baumgruppen charakterisieren doch geradezu die halboffenen, beweideten Landschaften und dennoch ist es den Bäumen nicht zuträglich, wenn wir unter ihnen Rasen anlegen? Der scheinbare Widerspruch löst sich auf, wenn wir die Entstehung von Baumgruppen und waldartigen Bereichen in halboffenen Weidelandschaften betrachten. Baumsämlinge werden auf Weideflächen nämlich verbissen. Dort, wo Tiere grasen – auf rasenartigen Flächen –, haben Bäume keine Chance. Baumjungwuchs finden wir innerhalb von Strauchgruppen, deren Pflanzen so dornig sind (z. B. Wildrosen, Schlehen, Berberitzen und Brombeeren) oder so unbekömmlich (wie Stinkwacholder oder Pfaffenhütchen), dass die Tiere dort nicht fressen. Werden die Bäume groß, sterben die Sträucher unter ihnen aus Lichtmangel ab. Am Rand der Gehölzgruppen finden wir aber oft einen Strauchmantel, der die empfindlichen Baumwurzeln direkt außerhalb der Traufe schützt. Wenn

Bäume solitär auf Weideflächen stehen, dann befinden sie sich zumeist im Absterbeprozess. Sie werden langsam zu besonntem Totholz, auf das so viele Tiere in Mitteleuropa angewiesen sind.

Wenn wir Gehölze, zum Beispiel für eine frei wachsende Naturhecke oder einen Jungbaum, in eine Rasenfläche pflanzen, dann werden sie nur sehr langsam wachsen. Die Wurzeln der Gehölze müssen mit dem vorliebnehmen, was die Rasengräser übrig lassen. Der Wurzelbereich von Gehölzen sollte deshalb immer frei von Rasen gehalten werden. Dabei sollten wir daran denken, dass die Feinwurzeln, die Wasser und Nährstoffe aufnehmen, sich immer außerhalb der Kronentraufe befinden.

Bäume brauchen Baumscheiben und Heckenpflanzungen brauchen einen mindestens zwei Meter breiten Streifen, der rasenfrei ist und in dessen Mitte dann die Gehölze gepflanzt werden. Diese Bereiche können mit einer grasfreien Wildstaudenmischung eingesät werden. Besonders bewährt haben sich Mischungen, die viele ein- und zweijährige Wildstauden enthalten. Dieser bunte Saum übernimmt die gestalterische Funktion der Hecke in den ersten Jahren und wird langsam von größer werdenden Gehölzen verdrängt.

Es gibt auch Mulchscheiben, die Pflanzen direkt an frisch gepflanzten Gehölzen unterdrücken. Leider fühlen sich Wühlmäuse unter ihnen vor Feinden sicher und knabbern derweil an der einen oder anderen Wurzel, was die Pflanzen im schlimmsten Fall mit ihrem Ableben quittieren.

Auf öffentlichen Grünflächen und in großen Gärten können wir eine weitere Ursache beobachten, warum Bäume auf Rasenflächen leiden: Durch die Mäharbeiten, insbesondere durch das Ausmähen der Gräser und Kräuter direkt am Stamm, wird oft die Rinde im Stammfußbereich verletzt. Dies führt zu Einfaulungen im Bereich des Wurzelhalses. Verletzungen und faule Stellen in diesem Bereich sind besonders kritisch für die Standfestigkeit der Bäume. Gute Grünflächenämter verzichten deshalb auf das Rasenmähen unter Bäumen und lassen dort höhere, wiesen- oder saumartige Bereiche entstehen. Der Englische Garten in München ist hierfür ein gutes Beispiel.

Blumenwiesen als Gestaltungselement

Blumenwiesen sind wunderschöne und ökologisch wertvolle, blütenreiche Flächen. Wer eine Blumenwiese plant, sollte aber wissen, dass sie, ähnlich wie zum Beispiel ein Teich, einen Bereich für sich braucht. Außer zur Produktion von Heu für Kleintiere in der Familie oder in der Nachbarschaft kann sie keine Funktion erfüllen. Im Garten sind Blumenwiesen rein dekorativ, sie erfüllen ausschließlich ästhetische und ökologische Funktionen. So gerne wir uns an das Toben in Blumenwiesen in unserer Kindheit erinnern, dies darf nur gelegentlich geschehen. Es war zwar schön für uns, aber nicht gut für die Blumenwiese.

Rasen und Wiesen anlegen

Umwandlung oder Neuanlage?

Nur selten haben Gartenbesitzer das Glück, einen Garten neu gestalten zu dürfen. Zumeist gibt es schon einen Garten, der mit größter Wahrscheinlichkeit nach dem »Rasen mit Borte-Prinzip« gestaltet wurde. Jetzt soll mehr Natur in diesen Garten einziehen, aus dem Rasen soll ein Blumenrasen oder eine Blumenwiese werden. Kann man da nicht das geeignete Saatgut einfach auf den Rasen streuen, damit bald schon Blumen blühen?

Die eindeutige Antwort auf diese Frage lautet: Nein, man kann nicht. Viele Versuche in der Vergangenheit, unter anderem auf dem ehemaligen Bundesgartenschaugelände in Bonn, haben gezeigt: Haben sich erst einmal die konkurrenzstarken Kulturgrassorten der Regelsaatgutmischungen etabliert, dann ist eine Nach- oder Zwischensaat von konkurrenzschwachen Wildgrasarten und Wildkräutern in diesen Bestand hinein schlichtweg herausgeworfenes Geld. Sollte irgendwo ein Keimling auf dem verdichteten, verhärteten Boden aufkommen, wird er sofort von den Rasengräsern überwachsen. Es gibt nur wenige positive Erfahrungen mit Einsaaten in vorhandene Bestände. Dabei handelt es sich aber um Wirtschaftswiesen, nicht um Spielrasen. Vor der Einsaat wurde die Narbe sehr scharf mechanisch aufgerissen.

Die andere in der Vergangenheit oft versuchte Vorgehensweise sah so aus: Man pflegte eine ehemalige Rasenfläche wie eine Wiesenfläche und hoffte, dass sich dort eine Blumenwiese entwickelt. Tatsächlich wird sich die dichte Narbe auflockern, auch Bodenverdichtungen können durch weniger Belastung und die Belebung des Bodens gemindert werden. Meist finden sich auch einige Kräuterarten ein, aber in der Regel bleibt es bei Löwenzahn, Gundelrebe, Gamanderehrenpreis und Pippau.

Ein Grund sind auch hier die konkurrenzstarken Kulturgrassorten. Wer zuerst kommt, mahlt zuerst, oder: Ein einmal besetzter Platz wird nur sehr langsam von einer Pflanze wieder freigegeben. Die Etablierung an einem Standort ist der kritische Zeitraum für die Pflanze, danach kann er auch unter eher widrigen Umständen verteidigt werden. Zumal Rasengräser eben von den Gräsern der Wiesen und Weiden abstammen und in der Regel auch in höherwüchsigen Beständen gut zurechtkommen.

Der zweite Grund für das Versagen des Versuches, Blumenwiesen aus Rasen allein durch eine Umstellung der Pflege zu entwickeln, liegt in den geringen Distanzen, über die sich Pflanzen ausbreiten können. Diese liegen bei wenigen hundert Metern. Selbst wenn gute Startbedingungen für einen Zuwanderer herrschen, dann kann eine Art aus eigener Kraft auf der Fläche nur auftauchen, wenn sie in unmittelbarer Nähe vorkommt. (In Weidelandschaften kann der Transport von Samen allerdings auch schon mal über längere Strecken im Fell oder Darm eines Tieres stattfinden.)

Manchmal kann die Umwandlung von Rasen in Wiesen durch Pflegeumstellung allerdings auch gelingen, und zwar dann, wenn der Rasen an sich schon sehr artenreich ist und eher einem Blumenrasen gleicht. In manchen alten Gärten sind nie Hochleistungsrasengräser eingesät worden, hier überdauern Schafgarbe, Braunelle, Ehrenpreis, Oregano und manchmal sogar Margeriten in der Grasnarbe. Dann kann durch Umstellung der Pflege tatsächlich eine bunte Blumenwiese entstehen.

In den meisten Gärten ist aber die beste Möglichkeit zur Etablierung eines artenreichen Blumenrasens oder einer Blumenwiese die Neuanlage. Nur so sind die schwach wachsenden Wildarten vor der Konkurrenz durch die ausläufertreibenden Rasengrassorten geschützt. Das bedeutet: Der vorhandene Bewuchs muss auf der neu einzusäenden Fläche vollständig vernichtet werden. Dies geschieht am besten durch mehrfaches Fräsen, wobei bei jedem Fräsgang etwas tiefer gefräst werden sollte, um verdichtete Frässohlen zu vermeiden. Alternativ kann die Grasnarbe auch mechanisch mit dem Spaten – oder bei größeren Flächen mit einer ausgeliehenen Rasenschälmaschine – abgehoben werden. Rasensoden ergeben kompostiert eine sehr gute Nutzgartenerde. Eine andere Möglichkeit, Rasensoden zu verwerten, ist der Bau einer Rasenbank.

Auf dem von Rasen befreiten Untergrund wird dann das Saatbett für die Einsaat vorbereitet.

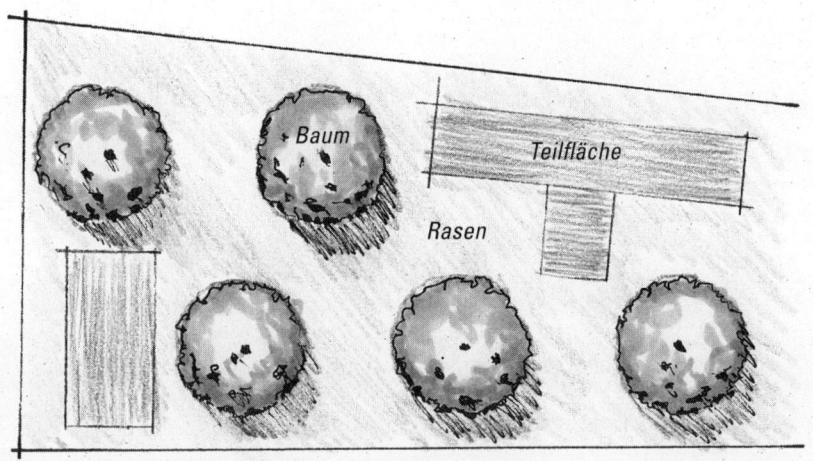

Wenn das Umwandeln der gesamten Fläche zu aufwendig ist, dann können
auf größeren Rasenflächen auch nur streifenförmige Teilflächen umgewandelt
werden. Dabei werden die Flächen im Wurzelbereich der Bäume nicht
umgewandelt, um die Baumwurzeln nicht zu schädigen.

Aber manchmal wird es nicht möglich sein, die gesamte zukünftige
Blumenwiesen- oder Blumenrasenfläche abzuräumen. Im Bereich
von Baumwurzeln kann dies auch nicht empfohlen werden, da durch
Bodenarbeiten in der Nähe von Bäumen deren Wurzeln immer in
Mitleidenschaft gezogen werden. Die Feinwurzeln, die den Baum mit
Nährstoffen und Wasser versorgen, konzentrieren sich ja in der oberen
sauerstoff- und nährstoffreichen Bodenschicht.

Eine gute Alternative ist dann die Umwandlung von Teilflächen.
Dafür wird der vorhandene Bewuchs nur auf Teilbereichen, die am
besten streifenförmig sein sollten, entfernt. Auf diesen wird dann eine
gute Blumenrasen- oder Blumenwiesenmischung ausgesät. Je größer
die Teilflächen sind und je länger deren Randlinien sind, von denen

aus die Blumenwiesenarten in die umgebende artenarme Fläche ein-
wandern können, umso eher wird sich auch die Zusammensetzung der
unberührten Bereiche ändern.

Einen Versuch wert sind auch die Blumenrasen und Blumenwiesen,
die seit einiger Zeit als Rollrasen zu erhalten sind. Rollrasen können ja
in der sogenannten »Sandwich-Bauweise« auf vorhandenen Rasenflächen verlegt werden, ohne dass es zu Anwuchsschwierigkeiten kommt.
Der Rollrasen sollte dann nur dicker als üblich sein (3 Zentimeter statt
1,5 Zentimeter). Die darunterliegende Rasennarbe verkompostiert so
ohne Fäulniserscheinungen und düngt den darüberliegenden Rollrasen (Bezugsquelle auf Seite 175).

Bei sehr kleinen Rasenflächen kann statt einer Einsaat auf den abge-
räumten Teilflächen auch eine Pflanzung vorgenommen werden. Dann
haben wir es noch mehr in der Hand, welche Arten sich etablieren sollen. Verschiedene Vorgehensweisen sind dazu auf Seite 90 beschrieben.

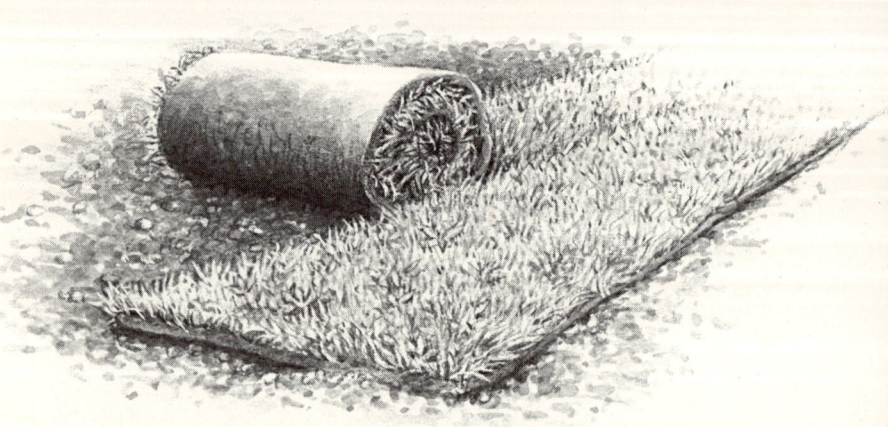

Blumenrasen und Blumenwiesen werden auch als Rollrasen angeboten.

Die Neuanlage durch Aussaat

Der richtige Zeitpunkt für die Aussaat

Wildpflanzensamen sind wesentlich robuster als konventionelles Saatgut, was den Zeitpunkt der Aussaat betrifft. Während konventionelles Rasensaatgut Bodentemperaturen von mindestens 8 °C braucht, schnell aufläuft und bald die erste Mahd ansteht, laufen Wildpflanzensamen recht langsam auf. Auch keimen nicht alle Samen gleichzeitig. Manche keimen erst nach ein paar Wochen, andere erst nach ein paar Monaten. Es ist deshalb nicht so wichtig, welche Temperatur zum Zeitpunkt der Aussaat herrscht. Die Samen der Kaltkeimer brauchen sogar eine kalte Periode, um überhaupt keimen zu können. Sollten nach dem ersten Auflaufen einige Keimlinge durch Schneckenfraß oder Trockenheit zugrunde gehen, gibt es noch genug Samen, die keimen können und die ausgefallenen Exemplare ersetzen werden.

Insofern sind Wildpflanzensaaten relativ flexibel zu handhaben und eine Aussaat kann auch zu Zeiten versucht werden, in denen das sonst nicht möglich ist, wie im Winter. Der Boden sollte allerdings immer feinkrümelig und feucht sein.

Empfehlenswert ist eine Aussaat im Frühjahr. Hier gibt es die geringsten Verluste durch Bodenverschlämmung, Schneckenfraß und Vögel, denn die Samen laufen zu dieser Zeit schnell auf. Auch die im Boden vorhandenen Samen von einjährigen Kräutern wie Melde und Gänsedistel laufen schnell auf. Sie bieten den langsam wachsenden Wiesenpflanzenkeimlingen einen Schutzschirm, der die rasche Austrocknung des Bodens und zu starke Sonneneinstrahlung verhindert. Dieser Beikrautbewuchs kann später durch einen Schröpfschnitt entfernt werden, wenn von oben betrachtet kein Boden mehr erkennbar ist. Weil Melde & Co. einjährig sind, werden die meisten Exemplare durch diesen ersten Schnitt vernichtet. Danach können die unter dem Schutzschirm der Beikräuter herangewachsenen Keimlinge richtig loslegen.

Die eingesäten Flächen dürfen eine Zeit lang nicht betreten werden. Deshalb sollte die Einsaat bei Neuanlagen erst dann vorgenommen werden, wenn die Arbeiten zur Gartengestaltung, zumindest in diesem

Teil des Gartens, auch wirklich abgeschlossen sind – egal, ob dadurch der ideale Saatzeitpunkt eingehalten werden kann oder nicht. Denn was nützt die zum allerbesten Zeitpunkt im April angelegte Blumenwiesenfläche, wenn hinterher der Bagger ein paar Mal darüber fährt oder wenn aus Versehen Baustoffe darauf gelagert werden?

Es ist besser, zukünftige Blumenwiesen- oder Blumenrasenflächen auf Baustellen vorübergehend mit einer Gründüngung (beispielsweise Saatsenf oder Ölrettich) einzusäen. Die bunt blühende Einsaat erfreut nicht nur das Auge des Hausbesitzers, sondern kennzeichnet die Fläche auch für die Mitarbeiter der Baufirmen. Ein Flatterband oder provisorischer Zaun kann diesen Effekt noch verstärken. So wird der Boden vor weiterer Verdichtung und Verunreinigung geschützt, die Gründüngerpflanzen lockern zudem mit ihren Wurzeln die Erde und verdrängen unerwünschte Beikräuter.

Wildsamenmischungen laufen langsam auf. Eine gelungene Einsaat zeichnet sich durch ein katastrophales Aussehen im ersten Jahr aus. Da heißt es, Geduld haben und so manchen Kommentar von Nachbarn und Freunden mit Fachinformationen freundlich zu erwidern. Ungeduldige können einen Kräuterrollrasen verlegen (lassen).

Umgang mit Bodenverdichtungen

Egal, ob die gesamte Fläche angelegt wird oder ob nur Teilflächen umgewandelt werden, bei allen Saatflächen sollte der Untergrund gründlich gelockert sein. Damit ist nicht nur die obere Bodenkrume gemeint. Es muss sichergestellt sein, dass das Wasser in einer ausreichenden Anzahl an Mittelporen im Boden versickern kann, dass Bodenwasser aber auch in Trockenzeiten wieder kapillar aufsteigen kann. Deshalb sollte vor Beginn der Arbeiten geklärt werden, ob im Untergrund verdichtete Bodenhorizonte vorliegen. Irgendwo auf dem Grundstück hat beim Bau des Hauses der Kran, der Mörtelsilo oder der Betonmischer gestanden. Wurde an diesen Stellen der Baugrund nicht gründlich gereinigt und mit einem Bagger aufgelockert, dann herrscht hier mit Sicherheit später Staunässe. Nun ist das nicht weiter schlimm, wenn an dieser Stelle ein Sumpfbeet oder eine Feuchtwiese angelegt werden soll. Aber wenn dort Rasen vorgesehen ist, wird die Staunässe im Boden die

Tragfähigkeit des Rasens beeinträchtigen und zu vermehrter Moosbildung führen. Staunasse Schichten müssen deshalb immer tiefgründig gelockert werden. Um großes Gerät, wie einen Bodenbohrer oder einen Bagger, werden wir da nicht herumkommen.

Wenn die wasserdichte Bodenschicht nicht nur lokal durch den Hausbau entstanden ist, sondern aufgrund geologischer Gegebenheiten auf dem ganzen Grundstück vorliegt, werden wir die Staunässe durch einfaches Aufbrechen in den seltensten Fällen beheben können. Denn was nützt eine Auflockerung des Bodens, wenn der Boden darunter weiterhin wasserdicht bleibt.

In diesen Fällen muss das gestaute Bodenwasser mit einer Drainage abgeführt werden. Die einfachste Form ist die sogenannte Schlitzdrainage. Hierbei werden in einem Abstand von 1 – 2 Metern in einem Winkel von ungefähr 45 Grad zur Hangneigung schmale Gräben gegraben, die mit Drainagesand verfüllt werden. Bei der Wahl des Drainagematerials ist der Rat einer Fachfirma hilfreich, es darf nicht zu grobkörnig sein. Andernfalls entstehen Hohlräume, in die angrenzender feiner Boden geschwemmt werden kann und den Drainagegraben verstopft.

Die Drainagegräben münden in ein Rohr, das das Drainagewasser dann in einen Verdunstungsteich, eine Versickerungsmulde oder eine andere Versickerungsmöglichkeit einleitet.

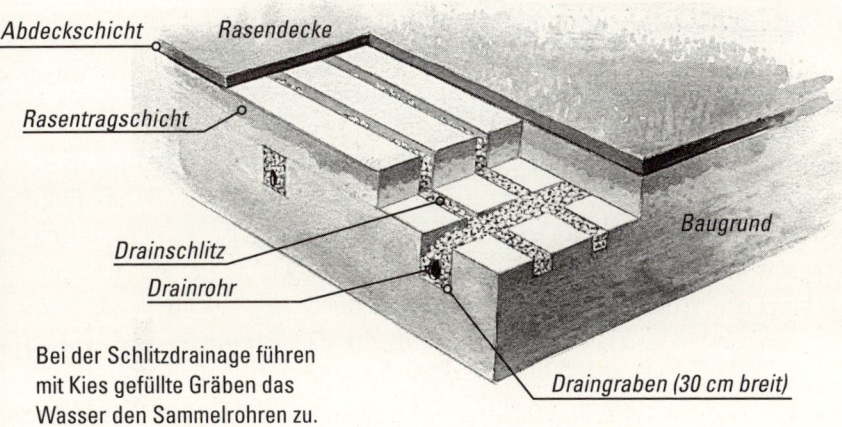

Abdeckschicht
Rasendecke
Rasentragschicht
Drainschlitz
Drainrohr
Baugrund
Draingraben (30 cm breit)

Bei der Schlitzdrainage führen mit Kies gefüllte Gräben das Wasser den Sammelrohren zu.

81

Bei einem Grundstück mit sehr dichten Böden ist es aber vielleicht besser, auf den Plan, einen Rasen anzulegen, zu verzichten und stattdessen einen Feuchtbereich, wie eine Feuchtwiese oder ein Sumpfbeet anzulegen. Immerhin brauchen wir auf solchen Grundstücken dann keine aufwendigen Dichtungen, um ein Feuchtbiotop anzulegen.

Abmagerung mit Sand

Eine Blumenwiese oder ein Blumenrasen kann auf jedem Boden angelegt werden. Sollte die Bodenuntersuchung (siehe Seite 57) aber ergeben, dass der Boden verdichtungsempfindlich ist, dann muss für einen Blumenrasen die Tragfähigkeit des Bodens verbessert werden. Hierzu werden mindestens 100 Liter Sand pro Quadratmeter, das entspricht einer zehn Zentimeter dicken Schicht, aufgebracht und gut eingearbeitet.

Aber auch für Blumenwiesen ist eine Abmagerung mit Sand hilfreich, denn dann haben auch die Pflanzen nährstoffärmerer Standorte eine gewisse Chance. Allerdings muss schon sehr viel Sand auf einen Boden aufgebracht werden, um den Nährstoffgehalt wirklich zu senken. Oft ist es sogar so, dass durch die verbesserte Bodenstruktur nach dem Einarbeiten des Sandes die Bodenorganismen mehr Sauerstoff bekommen. Vorher gebundene Nährstoffe werden dadurch wieder freigesetzt und die Versorgung mit Nährstoffen verbessert sich.

Wenn eine Blumenwiese nährstoffarmer Standorte, beispielsweise eine Trespenwiese oder ein Magerrasen, entstehen soll, dann muss eine nährstoffarme Vegetationstragschicht aufgebracht werden. Diese kann zum Beispiel aus 90 Prozent Schotter und zehn Prozent unkrautfreiem Unterboden bestehen. Es kann aber auch reiner Schotter oder Kies verwendet werden. Die Schichtdicke sollte mindestens 30 Zentimeter betragen. Dafür muss der vorhandene Oberboden nicht unbedingt abgefahren werden. Eine hügelartige Modellierung ist in den meisten Fällen für eine spannende Gartengestaltung sowieso sinnvoll. Auf den Hängen der Hügel läuft das Regenwasser schneller ab und verschafft den Trockenkünstlern einen Konkurrenzvorteil. Für Halbtrockenrasen werden auf die Schotter- oder Kiesschicht 3 – 7 Zentimeter steriler Grünkompost als Saatbett aufgebracht (dies entspricht 30 – 70 Liter pro Quadratmeter) und oberflächlich eingearbeitet. Für Magerraseneinsaaten genügen 1 – 3 Zentimeter Grünkompost (10 – 30 Liter pro Quadratmeter).

Wurzelunkräuter vermeiden: Gründüngung hilft

Boden ist ein wertvolles Gut. Er entstand im Laufe von Jahrmillionen aus der Gesteinsformation einer Landschaft unter dem Einfluss wechselnder klimatischer Einflüsse und Vegetationsdecken. Er ist deshalb auch ein erdgeschichtliches und historisches Dokument. Einmal zerstört, sind seine ursprünglichen Eigenschaften unwiederbringlich verloren. Deshalb erließ der Gesetzgeber Bodenschutzbestimmungen, zu denen auch der Erhalt des Oberbodens bei Baumaßnahmen gehört. Der Oberboden muss getrennt gelagert und nach dem Abschluss der Bauarbeiten wieder auf die Grundstücke aufgebracht werden.

Leider führt dies häufig zu Problemen bei der Gartengestaltung. Zumeist liegt das Baugebiet schon eine Weile brach, wenn der Oberboden abgeschoben wird. Es haben sich schon einige Brachezeigerpflanzen wie Brennnesseln, Quecken, Ampfer, Winden und Ackerkratzdisteln angesiedelt. Wenn dann der Oberboden abgeschoben wird, dann erhalten diese Pflanzenarten einen weiteren Konkurrenzvorteil, denn sie sind an gestörte und nährstoffreiche Böden angepasst. Am Ende ist die Erdmiete mit allen problematischen Gartenunkräutern, also unerwünschten Beikräutern, der Region bewachsen.

Im Prinzip sind im naturnahen Garten Zuwanderer erwünscht – allerdings nicht die konkurrenzstarken Besiedler gestörter nährstoffreicher Böden, wozu fast alle Wurzelunkräuter gehören. Diese Pflanzenarten verfügen über unterirdische Wurzeln oder Sprosse, in denen sie Nährstoffe speichern. Wenn der Boden gestört wird und dabei die unterirdischen Pflanzenorgane zerteilt werden, entsteht aus jedem Teilstück dieser zumeist dickfleischigen weißen »Ausläufer« eine neue Pflanze. Umgraben und Hacken vergrößern das Problem nur. Daher haben diese unerwünschten Beikräuter besonders in oft gehackten Nutzgärten gute Bedingungen und sind jedem Gemüsegärtner nur zu gut bekannt. Leider finden sie auf den Oberbodenmieten ideale Bedingungen. Wenn wir den Boden aus den verunkrauteten Oberbodenmieten dann zur Anlage unseres Gartens nutzen, werden wir viel Arbeit haben, Winden, Quecken und Ackerkratzdisteln wieder zu entfernen.

Besser lassen wir es gar nicht so weit kommen: Naturgärtner verzichten, wenn immer das möglich ist, Oberboden zur Anlage ihrer Gärten zu verwenden. Es ist viel arbeitssparender, die Vegetationstragschichten des Gartens aus unkrautfreiem Unterboden, Sand und sterilem Grünkompost zu mischen.

Aus Gründen des Bodenschutzes und aus Kostengründen kann es aber sinnvoll sein, den Oberboden, der vor dem Bau des Hauses auf dem Grundstück lag, weiterzuverwenden. Solange der Oberboden als Miete aufgeschichtet am Rande des Grundstückes lagert, sollte er gut gepflegt werden. Das heißt, die Miete wird sofort nach der Anlage mit einer konkurrenzstarken Gründüngung eingesät. Je nach Jahreszeit kommen dazu verschiedene Arten in Frage, beispielsweise Saatsenf, Ölrettich oder Phacelia. Für Naturerlebnisgärten verwenden wir nur solche Gründüngungspflanzen, die keinen Stickstoff anreichern (siehe Literaturtipp auf Seite 172).

Wir sorgen also durch die Auswahl oder Pflege des Bodens dafür, dass der Boden unkrautfrei, d. h. vor allem frei von unterirdischen Speicherorganen der Wurzelunkräuter, ist. Wenn uns Boden geliefert wird, dann sollten wir ihn überprüfen, bevor er abgekippt wird: Es dürfen sich darin keine Wurzeln finden, vor allem nicht die weißen, dickfleischigen der Wurzelunkräuter. Wenn das doch der Fall ist, dürfen wir den Boden getrost zurückweisen.

Das Saatbett bereiten

Wir haben also entweder durch Entfernung des vorhandenen Bewuchses, durch eine sorgfältige Pflege des Oberbodens oder durch das Aufbringen einer unkrautfreien Vegetationstragschicht dafür gesorgt, dass der Boden unkrautfrei ist. Nun können wir das Saatbett bereiten. Dafür sollte der Boden gelockert und fein gekrümelt sein. Kleinere Flächen können mit dem Sauzahn gelockert und dann mit Grubber und Harke fein gekrümelt werden. Ist der anstehende Boden sehr schwer (tonig lehmig), kann es sinnvoll sein, zunächst ein Jahr lang eine Gründüngung auf der Fläche wachsen zu lassen.

Größere Flächen werden durch das Fräsen schon fein gekrümelt. Auch hier kann bei schweren Böden eine Gründüngung sinnvoll sein. Schneller, aber unter Schädigung des Bodenlebens, geht es, wenn der Boden im Herbst gepflügt oder umgegraben wurde und der Frost im Winter die Schollen bricht.

Säen und Walzen

Nun liegt der Boden fein gekrümelt vor uns. Jetzt sollten wir uns noch etwas zurückhalten und nach dem letzten Arbeitsgang zwei Wochen warten, damit sich der Boden etwas setzt und die Kapillaren im Boden wieder funktionsfähig werden. Nur dann kann Bodenfeuchte aufsteigen und unsere Saat vertrocknet nicht.

Nach dieser Wartezeit wird gesät. Während Regelsaatgutmischungen mit einer Saatgutstärke von 20 – 25 Gramm pro Quadratmeter ausgesät werden, brauchen wir bei Wildsamenmischungen nur ein bis maximal sechs Gramm auf den Quadratmeter. Das sind für 100 Quadratmeter, in heutigen Neubaugärten schon eine erhebliche Flächengröße, vielleicht 200 Gramm – wenige Handvoll. Da ist es nicht einfach, gleichmäßig auszusäen. Deshalb mischen wir das Saatgut mit einem Füllstoff. Das können Sojaschrot, Vermiculite, Sägespäne oder Sand sein. Sand ist am einfachsten zu beschaffen und eignet sich auch gut. Es ist durchaus von Vorteil, wenn er etwas feucht ist. Dann kleben die Samenkörner an den Sandkörnern und werden nicht vom Wind verweht.

Wir mischen das Saatgut also in einem Eimer mit leicht feuchtem Sand. Dabei ist es wichtig, gründlich und lange zu arbeiten, so lange, bis das Saatgut wirklich gleichförmig mit dem Sand vermischt ist. Jetzt wenden wir einen Trick an, der verhindert, dass uns das Saatgut ausgehen kann: Wir teilen das Saatgut in zwei gleich große Hälften auf, das heißt wir geben die Hälfte des Inhalts in einen zweiten Eimer, geben wieder Sand zu und mischen wieder gründlich. Bei größeren Flächen können wir diese Schritte beliebig oft wiederholen. Auch ist es möglich, statt mit Eimern mit Schubkarren zu arbeiten. Wichtig ist nur, dass immer gleichmäßig durchmischt wird.

Dann säen wir ein, und zwar mit jeder der beiden Saatguthälften die gesamte Fläche. Wenn wir uns dann beim ersten Mal verschätzen, haben wir mit der zweiten Saatguthälfte die Möglichkeit, diesen Fehler zu korrigieren. Gesät wird von Hand und kreuzweise, das heißt, wir gehen einmal in parallelen Reihen über die Fläche und das zweite Mal im rechten Winkel dazu. Dadurch, dass das Saatgut mit einem hellen Füllstoff gemischt ist, ist gut zu sehen, wo schon gesät wurde und wo noch nicht.

Wenn mit einer Sämaschine gesät wird, ist es ebenfalls wichtig, dass das Saatgut mit einem Saathelfer gleichmäßig gestreckt wird. Hier hat sich Vermiculit, ein Tonmineral, das vom Fachhandel manchmal mit dem Saatgut gleich mitgeliefert wird, besonders bewährt, da sein spezifisches Gewicht dem der Pflanzensamen nahe kommt. Die Samen sollten nicht eingedrillt werden, am besten wird eine pneumatische Sämaschine benutzt, die die Samen aufbläst.

Der Samen muss eine innige Verbindung mit dem Boden eingehen, deshalb wird er mit einer Rasenwalze angedrückt

Die meisten Wildpflanzen sind Lichtkeimer. Das Saatgut wird deshalb nicht eingearbeitet, sondern nur angedrückt. In Hausgärten wird die Fläche gewalzt, man kann aber auch Bretter benutzen, die unter die Füße geschnallt werden. An Hängen hat sich das Anklopfen mit einer umgedrehten Schaufel bewährt.

Eigentlich müsste die Fläche jetzt gleichmäßig feucht gehalten werden. Am besten für die Einsaat ist es, wenn auf die Saat eine Schlechtwetterperiode folgt und es regelmäßig regnet. Bei der künstlichen Beregnung ist die Gefahr sehr groß, dass entweder zu wenig gewässert wird oder dass durch eine zu intensive Bewässerung der Boden verschlammt und das Saatgut weggeschwemmt wird. Am Erfolg versprechendsten ist es, der Natur ihren Lauf zu lassen. Wildpflanzensamen sind flexibel, es gibt nach einem Fehlstart durch eine Trockenperiode genug Samenmaterial, das noch keimen kann. Wenn der Samen aber durch zu intensives Wässern verschwunden ist, dann kann auch die unterschiedlich lange Keimhemmung der Wildsamen die Situation nicht mehr retten. Dies gilt natürlich besonders für Hänge.

Die erfolgreiche Einsaat von Blumenwiesen und Blumenrasen
1. Staunässe beseitigen oder Feuchtwiese anlegen.
2. Für unkrautfreien Boden sorgen.
3. Boden tiefgründig lockern.
4. Feinkrümeliges Saatbett bereiten.
5. Boden zwei Wochen absetzen lassen.
6. Kreuzweise die Fläche zweimal einsäen.
7. Anwalzen.

Auf die Mischung kommt es an: Auswahl des Saatgutes

Ob sich nach so viel Arbeit eine stabile und blütenbunte Wiese beziehungsweise ein ebensolcher Blumenrasen entwickelt, hängt ausschließlich von der Qualität des Saatgutes ab. Hier kann man nicht wählerisch genug sein.

Woran erkennt man nun ein gutes bzw. ein schlechtes Saatgut? Schöne und dauerhafte Blumenwiesen und Blumenrasen entstehen dann, wenn die Mischungen echte Wildgrasarten und Wildkräuterarten enthalten. Denn nur Wildgrasarten sind so wuchsschwach, dass die bunt blühenden Kräuter auch eine Chance haben. Die Zuchtsorten der Gräser wurden mit dem Ziel gezüchtet, dass sie mit ihren Ausläufern so ausbreitungsstark sind, dass sie Kräuterpflanzen verdrängen können. Denn sowohl der Bauer als auch der Besitzer eines konventionellen Rasens sind nicht an Kräuterarten interessiert. Im konventionellen Rasen sind Kräuter unerwünschte Unkräuter, in der Wirtschaftswiese werden die meisten Kräuter als zu ertragsschwach beurteilt. Die Eigenschaft der Kulturgrassorten, die Kräuter zu verdrängen, steht natürlich dem Ziel einer blütenbunten Fläche entgegen.

Ähnliches gilt für die Kultursorten des Rotklees. Auch sie sind in Futtergrasmischungen enthalten, weil sie viel Ertrag bringen und sehr konkurrenzstark sind. Zusätzlich sorgen sie durch ihre Wurzelknöllchenbakterien für eine dauerhafte Düngung der Flächen. Die bunten Kräuter der Magerstandorte haben keine Chance mehr, wenn Futterklee mit eingesät wird.

Wir können ungeeignetes Blumenwiesensaatgut in den meisten Fällen daran erkennen, dass eine relativ hohe Menge als Aussaatstärke angegeben wird. Das deutet darauf hin, dass das Saatgut viel Grassamen und wenig Kräutersamen enthält. Finden wir dann noch die Namen Deutsches Weidelgras bzw. Englisches Raygras (*Lolium perenne*), Ausläuferrotschwingel *(Festuca rubra rubra)* oder Weißes Straußgras (*Agrostis stolonifera*) in der Artenliste des Saatgutes, dann enthält die Mischung vermutlich konventionelle Rasen- und Futtergrassorten. Vor allem Deutsches Weidelgras ist sehr konkurrenzstark und verdrängt die konkurrenzschwachen Wildgrasarten und Wildkräuter. Deshalb ist es in Futtergrasmischungen ja auch enthalten. Es stammt vermutlich aus der oberen Salzwiesenzone, wird sehr gerne vom Vieh gefressen, bildet dichte und unduldsame Rasen und spricht gut auf Stickstoffdüngung an.

Fachbetriebe für naturnahes Grün oder zertifizierte Hersteller von Wildsamenmischungen (Adressen siehe Seite 173) können garantieren, dass ihr Saatgut nur die Wildarten und keine Kultursorten enthält.

**Der Widerspruch zwischen Saatgutverkehrsgesetz
und Bundesnaturschutzgesetz**

Das Bundesnaturschutzgesetz schreibt vor, dass in der freien Landschaft nur Pflanzen und Samen standortheimischer Herkünfte verwendet werden dürfen. Das heißt, die Mutterpflanzen von Saatmischungen müssen aus der Region stammen. Um diese Anforderung handhabbar zu machen, wurde Deutschland in 22 Herkunftsregionen aufgeteilt. Die Regelung des Bundesnaturschutzgesetzes soll verhindern, dass durch das Ausbringen von standortfremden Herkünften lokale Anpassungen verschwinden. Das, was wir als »Pflanzenart« bezeichnen, ist oft eine Zusammenfassung von ähnlichen, genetisch aber verschiedenen sogenannten »Genotypen«. Diese Genotypen können verändert werden oder sogar aussterben, wenn sie sich mit nichtstandortheimischen kreuzen. Bei Hasel, Weißdorn und Wildrosen ist das in der Vergangenheit schon geschehen.

Gleichzeitig gilt aber auch das deutsche Saatgutverkehrsgesetz, das festlegt, dass von Arten, die in diesem Gesetz aufgeführt sind, nur zugelassene Kultursorten ausgebracht werden dürfen. Dieses Gesetz soll sicherstellen, dass Bauern, die Saatgut kaufen, keine Ertragseinbußen durch schlechte Saatgutqualität haben. Es gilt aber nominell für alle gehandelten Samen der Arten, die unter das Gesetz fallen, auch für solche, die gar nicht in der Landwirtschaft, sondern im Garten oder im Naturschutz eingesetzt werden. Zum Glück betrifft diese sich widersprechende Gesetzgebung nur einige der Arten, die in Blumenwiesen- und Blumenrasenmischungen enthalten sind.

Eine gut begründete Rechtsauffassung besagt, dass das Saatgutverkehrsgesetz in dem Bereich und zu dem Zweck gilt, für den es geschaffen wurde, nämlich für die produzierende Landwirtschaft. Für Naturschutz und Landschaftspflege würden dann die Bestimmungen des Bundesnaturschutzgesetzes gelten. Trotzdem führt dieser ungelöste Rechtswiderspruch zu Unsicherheiten, die dringend auch auf der Ebene der Gesetzgebung gelöst werden müssen.

Nach der Aussaat kann gutes Saatgut daran erkannt werden, dass das Erscheinungsbild der Fläche im ersten Jahr geradezu katastrophal ist. Wildgräser und Wildkräuter keimen langsam und zeitlich verzögert. Deshalb ist außer Unkraut am Anfang nichts zu sehen (siehe dazu auch Seite 80). Ein schnelles Auflaufen von Gräsern deutet andererseits darauf hin, dass Kultursorten verwendet wurden.

Pflege im ersten Jahr

Im ersten Jahr werden Blumenwiesen- und Blumenraseneinsaaten in gleicher Weise gepflegt: Nachdem die einjährigen Unkräuter im Bestand geschlossen sind, also von oben betrachtet kein Boden mehr zu sehen ist, wird der erste Schnitt, der sogenannte »Schröpfschnitt« durchgeführt. Dafür wird am besten eine Sense oder Sichel benutzt (siehe Seite 121). Ungeübte können auch eine Motorsense verwenden. Für einen Rasenmäher wäre der Aufwuchs zu hoch und der Mäher würde auch manche der frisch gekeimten Wildkräuter und Wildgräser aus dem Boden ziehen.

Unter dem Schirm der einjährigen Unkräuter konnten die Wildkräuter und Wildgräser keimen, nach dem Schnitt bekommen sie Licht. Das Ziel der Pflege ist nun, dass ihre Rosetten gestärkt werden. Deshalb wird die Fläche immer dann gemäht, wenn der Bewuchs etwa zehn Zentimeter Höhe erreicht hat. So entsteht schon am Ende der ersten Vegetationsperiode eine Grasnarbe. Solch eine aufwendige Pflege können wir natürlich nur im Hausgarten leisten, in der freien Landschaft muss das häufige Mähen im ersten Jahr ausfallen. In den Folgejahren wird die Blumenwiese zwei- bis dreimal im Jahr gemäht, der Blumenrasen nach Bedarf mehrfach im Jahr.

Umwandlung mit Initialpflanzungen

Bei kleinen konventionellen Rasenflächen kann durch eine Bepflanzung von Initialflächen die Umwandlung in einen Blumenrasen, vielleicht sogar in eine Blumenwiese versucht werden. Der Erfolg hängt davon ab, in welchem Maße in der Rasenfläche konkurrenzstarke

Rasenpflanzensorten vorhanden sind. Ist durch ausbleibende Düngung das Weidelgras schon geschwächt, liegen die Erfolgschancen höher.

Dazu werden mindestens ein Quadratmeter große Flächen von ihrer Grasnarbe befreit. In diese kleinen Beete werden die erwünschten Stauden hineingepflanzt, und zwar in relativ großer Dichte, 8 – 10 Stück je Quadratmeter, am besten in Gruppen von ebenfalls 8 – 10 Stück. Wenn die Beetflächen nur einen Quadratmeter groß sind, passt nur eine Art auf diese Fläche. Dies hat den Vorteil, dass die Minibeete leicht zu pflegen sind und dass die Pflanzen in der Regel mehr Samen bilden, wenn sie zu mehreren gepflanzt werden.

Im ersten Jahr werden diese Flächen tatsächlich wie Beete gepflegt und nicht in die Mahd des Rasens oder der Wiese mit einbezogen. Keimende Beikrautpflanzen oder einwanderndes Gras werden gejätet. Zur Bodenbedeckung können die Flächen auch mit Sand gemulcht werden. In den Folgejahren entspricht die Pflege der Initialbeete der Pflege des gesamten Rasens oder der Wiese.

Bei der Artenwahl für diese Vorgehensweise bevorzugen wir ausbreitungsstarke Arten, dazu gehören für einen Blumenrasen Schafgarbe *(Achillea millefolium)*, Kriechender Günsel *(Ajuga reptans)*, Gundermann *(Glechoma hederacea)*, Hornklee *(Lotus corniculatus)*, Oregano *(Origanum vulgare)*, Braunelle *(Prunella vulgaris)*, Gamander-Ehrenpreis *(Veronica chamaedrys)* und Margerite *(Leucanthemum ircutianum)*. Als Lückenfüller kann auf den Minibeeten noch Taubenkropf-Leimkraut *(Silene vulgaris)* eingesät werden. Es blüht im ersten Jahr und erfreut alle Gartennutzer. Als kurzlebige Pionierpflanze macht es später den erstarkenden mehrjährigen Kräutern Platz.

Für Blumenwiesen eignen sich zusätzlich zu den Arten, die für einen Blumenrasen gepflanzt werden, noch Wiesenflockenblume *(Centaurea jacea)*, Färberkamille *(Anthemis tinctoria)* und Scharfer Hahnenfuß *(Ranunculus acris)*. Aber auch die Pflanzung konkurrenzschwächerer Wiesenkräuter ist einen Versuch wert. Als Zwischensaat, die den

Boden zwischen den gepflanzten Stauden bedeckt, können wir Wiesenglockenblume *(Campanula patula)* wählen.

Eine weitere interessante Möglichkeit, auf kleineren Bereichen eines Rasens Wildblumen anzusiedeln, sind die Blumenmatten. Dabei handelt es sich um Jungpflanzen, die in ein Vlies eingenäht sind. Die Matten können direkt auf den gemähten Rasen aufgelegt werden. Die einzelnen Bahnen sollten mindestens zehn Zentimeter überlappen. Befestigt werden die Matten mit einer Mulchschicht aus Sand, Splitt oder Kies. Die Rasenpflanzen unter der Matte vergehen, die Stauden auf der Matte wurzeln in den Boden ein. Für die Anlage von größeren Blumenwiesenflächen eignen sich die Blumenmatten nicht, weil sie keine Gräser enthalten, die ja das »Rückgrat« der Wiesen darstellen. Um einen artenarmen Rasen in eine Blumenwiese umzuwandeln, kann man aber die Blumenmatten zum Impfen mit den gewünschten Pflanzen nutzen.

Konkurrenzstarke Gräser in den umgebenden ehemaligen Rasenflächen können durch das Aussäen von Klappertopfsamen geschwächt werden. Klappertopf *(Rhinanthus)* ist ein Halbparasit und zapft Graswurzeln an. Er entzieht seinen Wirten vor allem Wasser, weniger Nährstoffe. Wirtschaftswiesen bringen dadurch weniger Ertrag, für den Landwirt ist der Klappertopf ein unerwünschtes Beikraut, ein Unkraut. Klappertopfsamen keimt nur, wenn er frisch ist. Daher sollte das Saatgut umgehend ausgebracht werden.

Rasen auf befestigten Flächen

Blumenschotterrasen

Der Blumenschotterrasen ist im Naturgarten ein wahrer Tausendsassa. Während normalerweise beim Schotterrasen angestrebt wird, dass sich die Fläche kaum von normalen, artenarmen Rasenflächen unterscheidet, nutzen Naturgärtner die Chance, die sich ihnen hier bietet, um einen mageren, trockenen und – zumeist – besonnten Standort mit seltenen Pflanzen (und Tieren) anzulegen. Ein Blumenschotterrasen ist also ein Trockenrasen, aber gleichzeitig auch eine befestigte Fläche, die je nachdem, wie tragfähig der Unterbau ist, begangen oder befahren werden kann.

Blumenschotterrasen eignen sich für Stellplätze, Wege und Sitzplätze. Bei feuchtem Wetter ist er genauso trocken wie jeder andere Weg auch – im Gegensatz zum Rasen, der dann eigentlich nur mit wasserfestem Schuhwerk begangen werden kann. An heißen Tagen verdunstet aber, genauso wie bei einem Rasen, das kapillar aus dem Unterboden aufsteigende Wasser über den Boden und die Pflanzen. Durch die Verdunstungskälte heizen sich Schotterrasenflächen in der Sonne bei Weitem nicht so auf wie versiegelte Flächen. Das ist überall da von großem Vorteil, wo große Flächen befestigt werden müssen. Im öffentlichen Raum gilt das für nur gelegentlich benutzte Parkplätze oder für Spielräume für Kinder an Schulen und Kindergärten. In Naturspielräumen sind Blumenschotterrasen als grüne und artenreiche Flächenbefestigungen unverzichtbar. Hier lernen Kinder nicht nur die wunderschönen einheimischen Pflanzen der Trockenrasen kennen, sondern erfahren auch unmittelbar, wie mit Wasser verantwortlich umgegangen werden kann. Schotterrasen sind eine besonders versickerungsoffene Oberflächenbefestigung. Hier versickert das Regenwasser zum größten Teil in den Untergrund. Obwohl die Fläche befestigt ist, wird der Boden darunter nicht von Sauerstoff und Wasser abgeschlossen, das Bodenleben kann weiter existieren, der Boden seine Funktion erfüllen.

Nur bedingt geeignet ist der Schotterrasen für Flächen direkt am Haus. Denn das eine oder andere Sandkörnchen oder Grashälmchen bleibt schon unter den Schuhen hängen. Damit diese unerwünschten Mitbringsel abgetreten werden können, sollten die Flächen direkt vor den Türen mit einem Pflaster- oder Plattenbelag befestigt werden.

Ein Blumenschotterrasen kann allein durch Benutzung gepflegt werden. Das heißt, dort wo öfters gegangen oder gefahren wird, bleibt der Bewuchs kurz und rasenartig, dort wo die Pflanzen keine Belastungen aushalten müssen, erreichen die Pflanzen größere Höhen und die Fläche erinnert dann eher an eine Blumenwiese. Wenn dieser ungleichmäßige Eindruck nicht erwünscht ist, können die höheren Bereiche auch gemäht werden. Der Rasenmäher ist hier ungeeignet, die Gefahr ist zu groß, dass ein Steinchen die Messer beschädigt. Besser ist es, wenn wir auf kleineren Flächen die Sichel, auf größeren Flächen die Sense zum Einsatz bringen.

Aufbau gut, alles gut

Blumenschotterrasen ähneln in ihrer Bauweise den Gartenwegen. Zunächst wird die Fläche »ausgekoffert«, d. h., das Erdreich wird ausgehoben. Der Untergrund, das sogenannte Planum, wird anschließend parallel zur zukünftigen Oberfläche mit einer Rüttelplatte verdichtet. Wie tief ausgehoben wird, hängt von der zu erwartenden Nutzung ab. Wenn es sich um einen Weg im Garten handelt, dann reichen 25 Zentimeter, wird die Fläche später mit Autos befahren, dann sollten es je nach Beschaffenheit des Untergrundes 30 – 40 Zentimeter sein. Bei gelegentlichem LKW-Verkehr, zum Beispiel, wenn Lieferwagen auf der Fläche halten sollen, sollte die gesamte Schichtdicke 50 – 60 Zentimeter betragen.

Die Aufbauhöhen können nach den geltenden technischen Regelwerken errechnet werden und hängen von der Frostfestigkeit des Untergrundes und den Regionen ab, in der sich die Baustelle befindet. Ein Fachplaner oder ein Fachbetrieb des Naturgartenbaus kann da weiterhelfen. Variiert wird immer nur die Dicke der Tragschicht, die Konstruktion der Deckschicht bleibt für alle Belastungsfälle gleich.

Die Oberfläche sollte eine Querneigung von 2,5 – 3 Prozent aufweisen, damit bei Regen das überschüssige Wasser ablaufen kann. Längsneigungen (Gefälle in Wegrichtung) von mehr als sieben Prozent sind

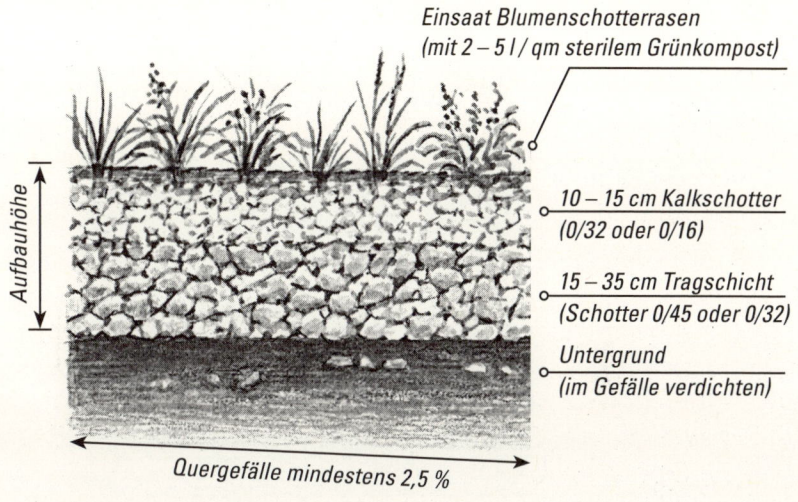

Einsaat Blumenschotterrasen
(mit 2 – 5 l / qm sterilem Grünkompost)

10 – 15 cm Kalkschotter
(0/32 oder 0/16)

15 – 35 cm Tragschicht
(Schotter 0/45 oder 0/32)

Untergrund
(im Gefälle verdichten)

Aufbauhöhe

Quergefälle mindestens 2,5 %

**Die Höhe der Tragschicht bestimmt die Belastbarkeit eines Schotterrasens.
Aufbauhöhe nach Belastung: etwa 30 cm bei PKW, etwa 50 cm bei LKW.**

problematisch. Hier kann es zu Erosionserscheinungen kommen. Für Oberflächenbefestigungen an Hängen sollte deshalb ein fester Belag gewählt werden. Auch diese Pflasterflächen müssen nicht versiegelt werden, sondern können durchaus auch begrünt werden (siehe Seite 103).

Es ist sehr wichtig, dass der verdichtete Untergrund sorgfältig eingeebnet ist und das gleiche Gefälle aufweist wie die spätere Oberfläche. Im Gegensatz zu versiegelten Flächen wird auf diesem Planum ein Teil des Regenwassers unter der Tragschicht abgeführt. Wenn hier durch Baufehler unterirdische Pfützen entstehen, dann kann ein Frosteinbruch dazu führen, dass Frostlinsen entstehen. Dabei frieren die tiefer liegenden, mit Wasser gesättigten Bodenschichten ein. Dehnen sie sich nach oben hin aus, kommt es zu Löchern und Rissen, die den Wegeaufbau auflockern und letztendlich zerstören.

Um das richtige Gefälle des Planums zu gewährleisten, wird die Oberkante der zukünftigen Fläche an Stahlstangen, sogenannten Schnurnägeln, markiert, die in den Boden eingeschlagen sind. Auf Höhe dieser Markierung werden Schnüre über die Fläche gespannt.

Anhand der Schnüre kann sehr einfach nachgeprüft werden, ob die Schichtdicke überall gleich ist. Die Ebenheit der Oberflächen wie die des Planums, später aber auch der Tragschichten und Deckschichten, wird mit langen Latten kontrolliert. Unter einer auf der Fläche aufliegenden, vier Meter langen Latte darf an keiner Stelle mehr als drei Zentimeter Abstand bis zum Untergrund sein.

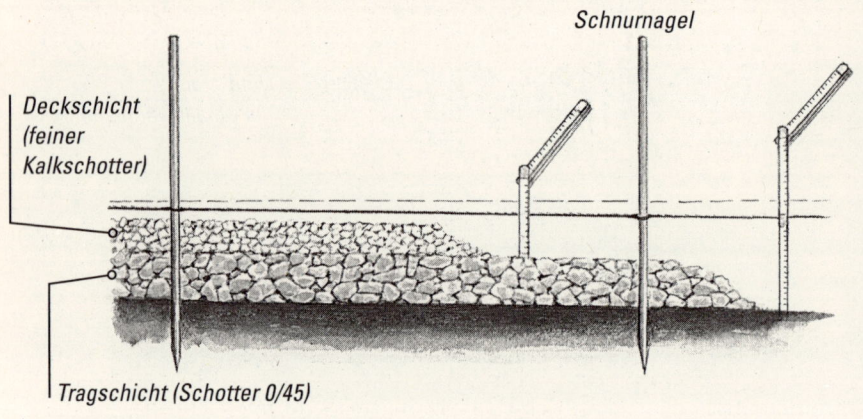

Schnurnagel

*Deckschicht
(feiner
Kalkschotter)*

Tragschicht (Schotter 0/45)

Die endgültige Höhe der Wegeoberfläche wird mit Schnurnägeln, etwa 1 Meter lange Stahlstangen, markiert. Sie verbleiben auf der Fläche, bis die Arbeiten abgeschlossen sind. Die Schnur wird 5 Millimeter höher als die Bauhöhe gespannt und darf nirgendwo die Oberfläche berühren.

Ist das Planum vorbereitet, wird die Tragschicht aus Schotter eingebracht und verdichtet. Trag- und Deckschichten eines Blumenschotterrasens sollten Feinanteile enthalten. Nur dann ist ein kapillarer Aufstieg von Bodenwasser an heißen Tagen möglich. Schotter mit solchen Feinanteilen erkennt man daran, dass eine »0« in der Körnungsbezeichnung auftaucht. Die Körnung bezeichnet die Größe der Sieböffnungen in Millimeter. Schotter der Körnung 0/45 enthält sowohl ganz feine Anteile als auch Steine, die von einem Sieb mit der Maschengröße 45 Millimeter nicht zurückgehalten werden. Im Mischwerk werden die Schotter so gemischt, dass sie sich hohlraumarm verdichten lassen, womit die gewünschte Tragfähigkeit erreicht wird.

Die Mindestdicke des eingebauten Schotters beträgt das Dreifache des Größtkorns. Ein Schotter der Körnung 0/45 Millimeter muss also in einer Mindestdicke von 15 Zentimetern eingebaut werden, bei Schotter 0/32 Millimeter reichen zehn Zentimeter. Die eingebaute Schicht darf höchstens 30 Zentimeter dick sein.

Zum Verdichten eignen sich Rüttelplatten oder Walzen. Walzen bringen bessere Ergebnisse, sind aber für Laien nicht geeignet. Bei Selbstbauprojekten ist es einfach und auch ausreichend, wenn bei einem Werkzeugvermieter eine geeignete Rüttelplatte ausgeliehen wird.

Es ist wichtig, dass auch die Tragschicht das gleiche Gefälle wie die zukünftige Deckschicht erhält.

Nun wird die Deckschicht eingebaut. Kalkschotter ist für die Deckschicht am besten geeignet, weil er sich besonders gut verdichten lässt. Aber auch andere Schotter sind geeignet. Hier reicht eine etwas feinere Körnung, 0/32 Millimeter oder sogar 0/24 Millimeter, was eine entsprechend geringere Schichtdicke ermöglicht.

In die Oberfläche der Deckschicht wird nun steriler Grünkompost aufgetragen und mit einem Rechen leicht eingearbeitet, je nach gewünschter Bewuchsdichte 0,5 – 4 Zentimeter dick. Dann wird unter Wasserzugabe verdichtet: Dafür bewässert während des Verdichtens am besten eine zweite Person die Fläche mit einem Schlauch. Wenn das Material zu weich wird, muss sofort mit dem Wässern aufgehört werden. Schotter lässt sich bei einer bestimmten Feuchte am besten verdichten, wenn er trockener oder feuchter ist, gelingt die Verdichtung nicht so gut.

Der Kompost kann aber auch auf die schon verdichtete Oberfläche aufgebracht werden. Er wird dazu nur aufgestreut und mit einer Rasenwalze angedrückt.

Zum Schluss wird gesät, wie bei der Wieseneinsaat auf Seite 86 beschrieben, – von Hand und kreuzweise – und angewalzt.

Auch hier ist die Qualität des Saatgutes sehr wichtig, daher wählen wir Blumenschotter-Rasensaatgut für den Naturgarten mit speziell angepassten Wildgras- und Wildkräuterarten aus (Bezugsquellen auf Seite 173).

Rasengittersteine

Rasengittersteine sind keine Schönheit, auch wenn die Betonwerke hin und wieder das Design ändern. Deshalb versuchen Naturgärtner, darauf zu verzichten. Auf Flächen ohne großes Gefälle ist der Schotterrasen den Rasengittersteinen gestalterisch und ökologisch überlegen. Wenn allerdings Flächen mit einem Gefälle über sieben Prozent relativ versickerungsoffen und preiswert für größere Belastungen befestigt werden sollen, dann sind Rasengittersteine eine gute Lösung, denn immerhin 40 – 50 Prozent der Fläche bleibt hier offen. Durch Intarsien aus Beton- oder Natursteinpflaster kann die Fläche auch gestalterisch aufgewertet werden. Rasengittersteine aus Klinker sind teurer als solche aus Beton, gefallen vielen Gartenbesitzern aber besser.

Eine Fläche, die mit Rasengittersteinen belegt werden soll, wird im Prinzip wie alle Flächenbefestigungen gebaut, nur sind die Rasengittersteine hier die Deckschicht. Die Tragschicht wird deshalb nach der zu erwartenden Belastung bemessen und eingebaut. Darauf kommt eine Bettung für die Rasengittersteine, die gleichmäßig im geplanten Gefälle der Deckschicht abgezogen wird.

Leider wird beim Bau von Flächen mit Rasengittersteinen oft nicht an die Bedürfnisse der Pflanzen gedacht. So werden Splittbettungen

Auch Rasengittersteine können mit interessanten Wildpflanzen begrünt werden.

ohne Nullanteile unter den Rasengittersteinen empfohlen oder Vliese eingebaut, um das Einspülen von Humus in die Tragschicht zu verhindern. Dadurch entsteht ein Kapillarbruch. Wasser kann so in Trockenperioden nicht aus dem Untergrund aufsteigen, die Pflanzen vertrocknen leichter. Wenn dann noch die in die Gitteröffnungen eingefüllten Substrate gut gedüngt und reich an Feinerde und Humus sind, ist der Ausfall der Begrünung vorprogrammiert. Wichtig ist also der Aufbau der Tragschicht mit einem Schotter, der mineralische Feinanteile enthält (z. B. Körnung 0/45). So kann hohlraumarm verdichtet werden, und ein kapillarer Wasseraufstieg ist bei gleichzeitig ausreichender Tragfähigkeit und Wasserdurchlässigkeit gesichert.

Darauf sollte als Bettung für die Rasengittersteine genau das Material genutzt werden, das auch für die Füllung der Gitteröffnungen genutzt werden soll. Hier bietet sich ein rein mineralisches, extensives Dachbegrünungssubstrat an, das Sie über einen Garten- und Landschaftsbaubetrieb beziehen können. Leider werden diese Substrate nicht in Gartencentern verkauft.

Dachbegrünungssubstrate enthalten keine Humusanteile, die in den Untergrund einschlämmen könnten. Da sie aus Lava und Bims bestehen, sind sie auch ausreichend tragfähig. Lava und Bims können Wasser speichern und enthalten immer noch genügend Bodenluft, sodass an Trockenheit angepasste Wildpflanzen hier gut gedeihen können. Die Aussparungen der Gittersteine sind theoretisch sogar bepflanzbar und die Fläche kann so fast wie ein Beet gestaltet werden. Letzteres ist natürlich nur empfehlenswert, wenn die Fläche nicht regelmäßig befahren wird, sondern beispielsweise nur als Feuerwehrzufahrt vorgehalten werden muss.

Für die Einsaat empfiehlt sich eine Blumenschotterrasen-Mischung (siehe Seite 51).

Die Lasten, die auf eine mit Rasengittersteinen befestigte Fläche einwirken, werden auch als seitlicher Schub horizontal weitergeleitet. Deshalb brauchen Rasengittersteinflächen eine feste seitliche Einfassung, die diese Schubkräfte aufnehmen kann. Bei Flächen, die gelegentlich mit einem LKW befahren werden, kann in Gefällesituationen sogar ein Betonbordstein notwendig sein.

Pflasterfugen begrünen – buntes »Rasenpflaster«

Rasengittersteine bleiben ein gestalterischer Kompromiss für unterge-
ordnete Flächen und begrenzte Ressourcen der Bauherrschaft sowie für
Flächen, wo ein Schotterrasen aus bautechnischen Gründen nicht möglich ist.

Wenn der zu befestigende Bereich kleiner ist und/oder mehr Ressourcen zur Verfügung stehen, dann ist ein Rasenpflaster oder besser
ein begrüntes Pflaster für Flächen mit größerem Gefälle oder höherem
gestalterischen Anspruch eine gute Möglichkeit. Hier werden Pflastersteine mit weiten Fugen verlegt, in denen interessante Pflanzen wachsen können. Wasser versickert darin ebenfalls gut.

Begrüntes Pflaster ist eine mögliche Deckschicht eines Weges. Die
Tragschicht wird, wie auf Seite 95 beschrieben, entsprechend der Belastung dimensioniert. Das Quergefälle aller Oberflächen, auch des Planums, beträgt wieder mindestens 2,5 – 3 Prozent, damit das Regenwasser ablaufen kann.

Welche Steingröße für die Pflasterung verwendet wird, hängt von der
Belastung ab: Betonsteine müssen für die Befahrbarkeit mit dem PKW
mindestens acht Zentimeter dick sein, für die Befahrbarkeit mit dem
LKW mindestens zehn Zentimeter. Natursteine werden in drei Größen
aufgeteilt: Bei Mosaikpflaster beträgt die Kantenlänge 4 – 7 Zentimeter,
bei Kleinpflaster 7 – 11 Zentimeter und bei Großpflaster 13 – 18 Zentimeter.

Mosaikpflaster eignet sich ausschließlich für Fußwege und ist mit
weiter Fuge auch nicht stabil einzubauen, hier können nur schmale
Fugen eingesät werden. Für begangene Flächen, die eingesät oder
bepflanzt werden sollen, eignen sich besonders gut Klein- und Großpflaster. Für befahrene Flächen, die begrünt werden sollen, eignet sich
Großpflaster am besten. Kleinpflaster ist nur in speziellen Verbänden
wie dem Segmentbogenverband befahrbar, dieser lässt sich wiederum
nicht weitfugig verlegen.

Damit die Pflastersteine nicht kippen, sollten die Fugen stabilisiert
werden. Es gibt Fugenhalter aus Kunststoffen, die aber in der Regel nur
Verlegehilfen sind und die Fugen nicht kraftschlüssig offen halten können. Eine bessere Möglichkeit ist die Verwendung von gröberem Schot-

Im Porträt: Taubenkropf-Leimkraut *(Silene vulgaris)*

Das Taubenkropf-Leimkraut ist eine der ersten Pflanzen, die bald nach der Aussaat blühen. Als Rohbodenpionier ist es gut für magere, öfters gestörte Standorte wie Schotterrasen und begrünte Pflasterflächen geeignet. Schnell werden Lücken zwischen Steinen und Platten von diesem zarten Pflänzchen besiedelt. Die weißen Blüten mit dem aufgeblasenen Kelch, der der Pflanze seinen Namen gab, zeigen sich bis in den Herbst und scheinen über den Flächen zu schweben. Die Kraft dieses zerbrechlich wirkenden Pflänzchens liegt im Verborgenen: Unter der Erdoberfläche versorgt eine kräftige und bis zu einem Meter tiefe Wurzel Blätter und Blüten auch an den ungünstigsten Standorten. Diese Wurzeln enthalten Saponine, die im Wasser wie Seife wirken, früher wurde aus den Wurzeln eine Waschlauge bereitet. Die jungen Blätter können in Frühjahrssalaten gegessen werden.

Wert für Tiere: Wie manch andere Nelkenart ist auch das Taubenkropf-Leimkraut eine typische Nachtfalterblume, sehr viele verschiedene Eulenfalterarten besuchen die Blüten. Nur Falter und langrüsselige Bienen können den Nektar tief unten im Kelch erreichen. Manchmal beißen Hummeln die Blüten seitlich an und gelangen so an den Nektar. Die Nachtfalter werden von einem Duft angelockt, der den Blüten nur nachts entströmt. Wer Nachtfalterblumen in seinem Garten pflegt, erhöht seine Chancen, in der Dämmerung Fledermäuse bei der Jagd auf ihre bevorzugte Nahrung beobachten zu können. Auch die Raupen einiger Falter ernähren sich von Taubenkropf-Leimkraut, z. B. der Taubenkropf-Blütenspanner *(Eupithecia silenata)*, Staudingers Leimkrauteule *(Hadena andalusica)* oder die Leimkraut-Kapseleule *(Hadena perplexa)*.

ter als Fugenfüllung. Hier stabilisiert dann das Größtkorn, das in etwa der Fugenbreite entsprechen sollte, die Fugen. Es sorgt dafür, dass die Pflastersteine nicht anfangen zu wandern oder sich aus dem Verband lösen.

Bei Natursteinen gilt: Je größer die Steine sind und je geringer die Belastung, desto eher kann auf Grobschotter als Fugenhalter verzichtet werden. Ein Großpflasterstein im fußläufigen Bereich liegt sehr fest. Dort kann auch mit normalem Pflastersand verfüllt werden.

Bunte Blüten im Pflaster: Arten für sonnige Standorte

Deutscher Name *Botanischer Name*	Blütenfarbe	März	April	Mai	Juni	Juli	Aug.	Sept.	Okt.
Gänseblümchen *Bellis perennis*	weiß	✿	✿	✿	✿	✿	✿	✿	✿
Frühlingsfingerkraut *Potentilla tabernaemontani*	gelb		✿	✿	✿	✿	✿		
Taubenkropf-Leimkraut *Silene vulgaris*	weiß			✿	✿	✿	✿	✿	
Kleines Habichtskraut *Hieracium pilosella*	gelb			✿	✿	✿	✿	✿	✿
Scharfer Mauerpfeffer *Sedum acre*	gelb				✿	✿			
Sternmoos *Sagina subulata*	grünlich				✿	✿	✿		
Frühblühender Thymian *Thymus praecox*	rotviolett				✿	✿	✿		
Sonnenröschen *Helianthemum nummularium*	gelb				✿	✿	✿	✿	
Rundblättrige Glockenblume *Campanula rotundifolia*	blauviolett				✿	✿	✿	✿	✿
Sandthymian *Thymus serpyllum*	rosapurpur				✿	✿	✿	✿	✿
Arzneithymian *Thymus pulegioides*	rosapurpur					✿	✿	✿	

✿ = Blütezeit   (vollständige Liste aller lieferbaren und geeigneten Arten siehe Anhang ab Seite 156)

Zum Einsäen der Fugen wird das Saatgut mit einer Humus-Sand-Mischung vermischt (steriler Grünkompost und Sand, gemischt im Verhältnis 1:1) und dann in die Fugen eingekehrt. Bei der Neuanlage von Pflasterflächen werden aber die Fugen zuerst über mehrere Tage immer wieder mit dem Material, das zur Füllung der Fugen verwendet wurde, eingekehrt. Erst, wenn das Füllmaterial sich nicht mehr setzt, wird die Einsaat als letzter Arbeitsgang vorgenommen. Wenn die Pflasterfläche schon längere Zeit existiert, ist es eventuell notwendig, vor der Einsaat die Fugen etwas auszukratzen.

Als Saatgut eignet sich Blumenschotterrasen-Saatgut. Es ist aber auch sehr reizvoll, nur wenige Arten für die Begrünung der Pflasterflächen auszusuchen. Viele niedrig bleibende Wildpflanzen eignen sich dazu. Besonders reizvoll in diesem Zusammenhang sind Duftpflanzen wie Thymian oder Oregano. Sie besiedeln die Fugen bereitwillig, und es duftet wunderbar, wenn wir über die Flächen laufen.

Statt der Einsaat ist aber auch eine ausgewählte und gut geplante Bepflanzung der Pflasterfugen möglich. Das ist dann kein Rasenpflaster mehr, sondern ein Beet im Pflaster. Besonders in schattigen Ecken, die nicht viel begangen werden, aber dennoch überfahrbar sein sollen, können hier Farne und Schattengräser angepflanzt werden.

Als Einsaat für Pflasterfugen eignen sich besonders gut Thymian und andere Pflanzen, die nach dem Betreten duften.

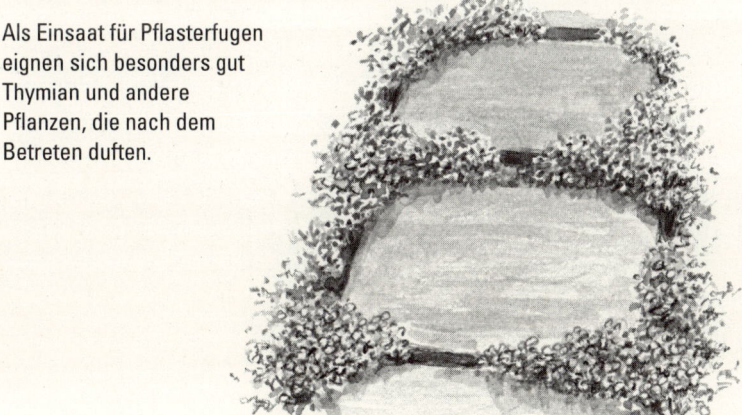

Dafür versuchen wir, Pflanzen mit Kleintopfballen zu bekommen. Für Dachbegrünungen werden Pflanzen in sogenannten Multitopfplatten angeboten, die die passende Größe haben. Dachbegrünungspflanzen haben einen weiteren Vorteil: Sie werden in besonders magerem Substrat angezogen und haben in den mit Schotter gefüllten Fugen keine Akklimatisierungsschwierigkeiten. Wenn bestimmte Arten nicht in dieser kleinen Größe angeboten werden, müssen wir den Ballen mit einem Messer passend schneiden und damit rechnen, dass das eine oder andere Exemplar diese grobe Behandlung nicht aushält.

Zum Begrünen von Pflasterfugen im Schatten, vor allem dort, wo wenig gelaufen wird, eignen sich:
Akelei *(Aquilegia vulgaris)*
Hirschzungenfarn *(Asplenium scolopendrium)*
Pfirsichblättrige Glockenblume *(Campanula persicifolia)*
Vogelfußsegge *(Carex ornithopoda)*
Schattensegge *(Carex umbrosa)*
Engelsüß *(Polypodium vulgare)*
Stacheliger Schildfarn *(Polystichum aculeatum)*
Gelber Lerchensporn *(Pseudofumaria lutea)*

Wenn Fugen nicht bepflanzt oder eingesät werden, begrünen sie sich auch, allerdings mit den Pflanzen, die in der Nähe wachsen, vor allem mit Gräsern und Löwenzahn. Naturgärtner wissen, dass begrünte Fugen das Pflaster eher stabilisieren als schädigen. Nur Gehölze können durch das starke Dickenwachstum ihrer Wurzeln die Pflasterbeläge anheben oder verschieben. Naturgärtner begrünen die Fugen, weil sie diesen speziellen Lebensraum für seltene und schöne Wildpflanzen nutzen wollen. Wachsen diese erst einmal dort, haben Löwenzahn und Co. kaum noch Chancen.

Mit und ohne Gräser: Duftrasen

Es duftet wunderbar nach Thymian, wenn wir über eine Pflasterfläche gehen, in deren Fugen diese Duftpflanze eingesät wurde. Wäre es nicht schön, wenn es so etwas auch als Rasen – ohne Pflaster – gäbe? Tatsächlich ist dies kein neuer Wunsch, schon seit Längerem sind Duftrasen vor allem in England beliebt. Es gibt sogar eine niedrige Sorte der Römischen Kamille *(Chamaemelum nobile ,Treneague')*, die extra für solche Duftrasen gezüchtet wurde. Sie wird nicht höher als fünf Zentimeter, blüht nicht, verströmt aber einen wunderbaren Duft nach Äpfeln. Aber auch andere niedrig bleibende Arten und Sorten von Thymian und Minzen sowie die Gletscher-Edelraute *(Artemisia glacialis)* sind für solche Rasen geeignet.

Dabei sollten wir bedenken, dass es sich hier aber nicht um einen artenreichen Rasen, sondern um ein Beet mit einem sehr niedrigen und robusten Bodendecker handelt. Mit nur einer Art bepflanzt, ist es sogar im Gegensatz zum konventionellen Rasen eine klassische Monokultur. Probleme von Monokulturen können daher auch hier auftreten: Wenn sich Nutzer der gewählten Pflanzen, zum Beispiel die Raupen des Hartheu-Spanners *(Siona lineata)* auf einem Thymianrasen eingefunden haben, werden wir ihre Lebensäußerungen wie abgefressene Blätter als Schaden wahrnehmen. In einem Schotterrasen würden wir die Raupen des Nachtfalters und die geschädigten Blätter gar nicht bemerken, weil noch so viel anderes wächst und blüht.

Ein weiteres Problem der Monokulturen ist die Selbstunverträglichkeit mancher Pflanzen. Banaler Grund vieler Selbstunverträglichkeiten ist die Tatsache, dass jede Pflanzenart nur einen beschränkten Anteil der zur Verfügung stehenden Ressourcen nutzt. Wenn eine dieser Ressourcen, zum Beispiel ein bestimmtes Spurenelement, dann erschöpft ist, gedeihen alle Pflanzen auf der Fläche schlechter. Es gibt aber auch Pflanzenarten, die aktiv Stoffe in den Boden abgeben, welche dann das Wachstum von Sämlingen derselben Art hemmen. Im Garten und in der freien Natur können wir jedenfalls öfter beobachten, dass sich manche Arten (beispielsweise Zypressenwolfsmilch) sehr gut etablieren und Bestände bilden, die fast nur aus dieser einen Art bestehen. Nach einiger Zeit brechen diese natürlichen Monokulturen dann oft zusammen. Selbstunverträglichkeit ist also ein Mechanismus, der bei manchen Arten den verletzlichen Zustand der Ein-Art-Bestände verhindert. Es ist also wahrscheinlich, dass wir nur einige Jahre Freude an unserem Duftrasen haben. Aber das bedeutet ja nicht, dass wir uns diese Freude deshalb vorenthalten sollten.

Es ist günstig, die Beete für den Duftrasen nicht zu groß anzulegen und für den vorhandenen Standort die am besten geeignete Pflanzenart zu wählen (siehe Tabelle auf Seite 107).

Wir können die Lebensdauer des Duftrasens verlängern, wenn wir nicht nur eine, sondern mehrere Arten ansiedeln, die ähnlich aussehen. Außerdem ist es günstig, wenn sich die Pflanzen selbst aussäen. So können Lücken, die einzelne ausgefallene Exemplare hinterlassen, von Keimlingen und Trieben gefüllt werden. Natürlich wirkt ein Duftrasen aus mehreren Arten etwas unruhiger als eine Monokultur, aber das kann, vor allem wenn die Pflanzen unterschiedliche Blütenfarben haben, ja auch reizvoll sein.

Duftrasen werden kaum geschnitten. Sie bleiben niedrig, weil die Pflanzen aus denen sie bestehen, von Natur aus nicht höher werden. Deshalb werden sie in der Regel auch nicht gesät, sondern gepflanzt. Wir streben ja einen Bestand an, der nur aus den gewählten Arten besteht, wir müssen daher dafür sorgen, dass diese einen Vorsprung vor allen Spontanbesiedlern haben.

Von Vorteil ist, dass Arten wie Thymian auf mageren Substraten gut wachsen. Durch die Verwendung steriler magerer Substrate aus Kies oder Schotter können wir die Ansiedlung von Allerweltspflanzen wie Löwenzahn behindern. Wichtig ist, dass der unkrauthaltige Oberboden vollständig entfernt wird. Wir graben mindestens 25 Zentimeter tief. Wenn wir dann immer noch die weißen Speicherwurzeln von Winde, Quecke und Co. finden, müssen wir so weit graben, bis sie verschwunden sind. Dann wird das Magersubstrat aus 90 Prozent Kies oder Schotter und zehn Prozent unkrautfreiem Unterboden eingefüllt. In die Pflanzlöcher geben wir etwas sterilen Grünkompost. Es ist wichtig, dicht genug zu pflanzen, damit sich die Pflanzendecke bald schließt. Wir verwenden mindestens acht gut entwickelte Exemplare pro Quadratmeter.

Duftrasenpflanzen

Deutscher Name _Botanischer Name_	Blüten- farbe	Blütezeit	Bemerkungen
Römische Rasenkamille _Chamaemelum nobilis_ ,Treneague'	keine		sonniger, eher trockener Standort, nicht heimisch
Kaskadenthymian _Thymus longicaulis_	rosa	3 – 10	sonniger, trockener Standort, nicht heimisch
Zitronenthymian _Thymus x citriodorus_	lila	5 – 10	sonniger, trockener Standort
Frühblühender Thymian _Thymus praecox_	rotviolett	6 – 8	sonniger, trockener Standort
Zwergmajoran _Origanum vulgare Compactum_	rosalila	6 – 9	trockener Standort, nicht trittfest, Gartenform
Sandthymian _Thymus serpyllum_	rosa- purpur	6 – 10	sonniger, trockener Standort
Streichelminze _Mentha requienii_	rosa	7 – 9	auch normaler Gartenboden und Halbschatten, nicht heimisch
Gletscher-Edelraute _Artemisia glacialis_	gelb	7 – 8	sonniger Standort, Alpenpflanze
Arzneithymian _Thymus pulegioides_	rosa- purpur	7 – 9	sonniger, trockener Standort
Teppich-Poleiminze _Mentha pulegium ,Nanum'_	rosa	7 – 9	sonniger Standort, auch normaler Gartenboden, Gartenform

(vollständige Liste aller lieferbaren und geeigneten Arten siehe Anhang ab Seite 156)

Neben Rasen aus duftenden niedrigen Kräutern kann man auch Flächen mit duftenden Gräsern anlegen. Hier kommt das einheimische Ruchgras oder das Duftende Mariengras in Frage. Beide Gräser gedeihen auf frischen, nicht zu nährstoffreichen Böden, wobei das Ruchgras eher trockene bis warme Standorte bevorzugt, das Mariengras eher feuchte bis nasse Standorte. Sie verströmen bei Berührung und besonders nach dem Mähen einen intensiven Waldmeisterduft. Manche Menschen empfinden den Duft des Mariengrases auch als der Vanille ähnlich.

Duftendes Mariengras kommt auf der gesamten nördlichen Erdhalbkugel vor. Wir sollten es jedoch mit besonderem Verantwortungsbewusstsein verwenden. Es kann gut sein, dass wir im konventionellen

Handel asiatische oder amerikanische Herkünfte dieses Grases erhalten, da es in Mitteleuropa selten und in seinem Bestand gefährdet ist. Wenn in der Nähe von natürlichen Vorkommen standortfremde Ökotypen angepflanzt werden, dann können sich, weil Gräser vom Wind bestäubt werden, diese standortfremden Ökotypen in die heimischen Bestände einkreuzen. Das kann zum Verlust von Anpassungen der heimischen Bestände an hiesige Biotopeigenschaften und damit im Extremfall zum Aussterben der hiesigen Vorkommen führen. Genaue Informationen zu den Gebieten, in denen Mariengras vorkommt, finden sich im Internet (Adresse siehe Seite 176). Sollte es in der Nähe natürlich vorkommen, sollten keine Pflanzen standortfremder Herkünfte gewählt werden.

Mariengras breitet sich gerne aus. Deshalb sollten Duftrasen mit Mariengras nicht in der direkten Nachbarschaft von Schmuckstaudenbeeten angesiedelt werden.

Sowohl Ruchgras als auch Mariengras werden höher als die niedrig wüchsigen Duftkräuter. Wir können sie deshalb auch mit weiteren höherwüchsigen und angenehm duftenden Wiesenpflanzen wie Schafgarbe *(Achillea millefolium)* und Oregano *(Origanum vulgare)* kombinieren. Diese Flächen müssen hin und wieder geschnitten werden. Der Schnitt wird dann aber mit besonders intensiven Dufterlebnissen belohnt. Solche höheren Duftrasen werden auch in Form von Rollrasen angeboten (Bezugsquellen siehe Seite 175).

Besonders reizvoll sind begrünte Gartenmöbel mit Duftrasen, etwa als Sitzfläche einer Sitzbank oder als Liegefläche eines Gartenbettes in Form eines Hochbeetes. Letzteres eignet sich besonders für Natur-Erlebnis-Räume, auch für Menschen mit Einschränkungen. Bei Flächen zum Sitzen oder Liegen sollte das Substrat möglichst trocken sein. Hier bieten sich wieder die rein mineralischen Dachbegrünungssubstrate an, weil hier das Wasser in den Steinchen aus Lava und Bims gespeichert wird. Aber auch Substrate aus Splitt oder Kies bis zur Körnung 0/16 sind geeignet. Wie immer bei bepflanzten mineralischen Substraten ist es wichtig, dass das verwendete Material einen »Null-Anteil« enthält. Wie bei Schotterrasen ist eine Startdüngung von 3 – 5 Liter sterilem Grünkompost je Quadratmeter notwendig. Dachbegrünungssubstrate mit Zeolith als Ionenaustauscher sollten mit einem Depotdünger »aufgeladen« werden. Sie können dann, ohne Gabe von Grünkompost ins Pflanzloch, bepflanzt werden.

Rasen und Wiesen als Hangbefestigung

Ein Garten mit steilem Gefälle, also auf einem Hanggrundstück, eröffnet wunderschöne und spannende Gestaltungsmöglichkeiten. Hier können die einzelnen Gartenräume allein schon durch die Terrassierung des Geländes definiert werden, ihre Grenzen werden durch die Hänge zwischen den flacheren Bereichen gebildet. Es ist sinnvoll, an den oberen Kanten der Geländesprünge etwas höhere Bepflanzungen anzuordnen. Wenn das versäumt wird, dann entsteht leicht das bedrohliche Gefühl, man könne den Hang herunterfallen. Die schönste Möglichkeit, die Geländesprünge naturnah zu gestalten, ist sicherlich, hier eine Trockenmauer anzulegen, deren Krone mit Kleinsträuchern bepflanzt wird. Allerdings ist das Bauen von Trockenmauern aufwendig, und man braucht ausreichend Ressourcen – an eigener Zeit oder an Geld.

Eine preiswerte und interessante Alternative, den Geländesprung zu gestalten, ist die Anlage einer Blumenwiese auf dem Hang zwischen den beiden Terrassen. Gestalterisch hat das den Vorteil, dass sowohl von oben als auch von unten die Wiese besser eingesehen werden kann. Es muss also kein Weg durch die Wiese geführt werden. Auch die natürlicherweise lang gestreckte Form der Hänge in terrassierten Gärten erhöht die Erlebbarkeit der Hangwiesen.

In den Alpen können wir es gut beobachten: Eingewachsene Grasnarben können auch steile Hänge gut befestigen. Einsaaten auf Hängen sind allerdings etwas schwieriger als in flachem Gelände. Ab einem Gefälle von 1:2, also einer Hangneigung von 22 Grad, wird offener Boden vom Regen leicht fortgespült. Es gibt verschiedene Möglichkeiten, diese Erosionserscheinungen zu verhindern.

Das Verlegen von Rollrasen bedeckt den erosionsgefährdeten Boden und schützt ihn durch eine dichte Narbe. Dafür werden die Bahnen entlang des Hanges, also rechtwinklig zur Neigung, ausgelegt und festgeklopft. Bei kräuterreichen Rollrasen entfällt die Düngung des Bodens vor dem Ausbringen des Rasens. Die Flächen müssen dann zwei bis drei Wochen täglich gewässert werden, sodass die Soden und fünf Zentimeter des darunterliegenden Bodens durchfeuchtet sind, danach reichen zwei bis drei Bewässerungen pro Woche, bis der Rasen angewachsen ist. Kräuterreiche Rollrasen brauchen nach dem vollständigen Anwachsen, also nach einigen Monaten, gar nicht mehr gewässert zu werden. Die einheimischen Wildpflanzen, aus denen sie bestehen, vertragen Trockenperioden ohne Probleme.

Auf größeren Flächen lohnt es sich, eine Nasseinsaat vornehmen zu lassen. Dafür wird das Saatgut mit Wasser, Kompost, Mulch (beispielsweise Strohhäcksel, Zellulose) und einem Klebstoff, meist einem Algenextrakt, vermischt und auf den Hang aufgesprüht. Kleber und Mulch halten die Samen und die obere Bodenkrume bis zum Anwachsen der Pflanzen auf dem Hang fest.

Bei besonders steilen Neigungen ist es sinnvoll, ein Gewebe aus Jute oder Kokosfaser auf dem Hang zu befestigen. Die Gewebebahnen werden mit ausreichender Überlappung auf den Hang gelegt und mit Erdnägeln aus Holz oder Stahl befestigt. Gesät wird über das Gewebe oder das Gewebe wird vorher noch mit einer dünnen Schicht Erde überdeckt.

Es gibt aber eine noch viel spannendere Möglichkeit: Der Hang erhält eine Vegetationstragschicht aus Schotter. Dazu sollte der gewachsene Untergrund nicht in der Hangneigung, sondern in großen Treppenstufen abgegraben werden. Dann kann es nicht zum Abscheren und Herunterrutschen der aufgebrachten Vegetationstragschicht kommen. In den Schotter (Körnung 0/45 oder 0/32) werden oberflächlich 3 – 7 Zentimeter steriler Grünkompost eingearbeitet, dann wird eingesät und nur leicht angewalzt. Die Samenkörnchen fallen zwischen die Schotterteilchen und können so nicht ausgeschwemmt werden. Auf diese Weise kann eine wunderbare Magerwiese (Trespenwiese) angelegt werden. Auf Schotterflächen sollte im Herbst gesät werden, damit die Pflänzchen schon gut eingewachsen sind, bevor die sommerlichen Trockenperioden kommen.

Rasen, auch Blumenrasen, ist für steile Hänge weniger geeignet, vor allem, wenn die Flächen auch betreten werden sollen. Wenn wir über

Auf den steilen Bereichen eines terrassierten Hanggartens
können gut Blumenwiesen angelegt werden. Steile Hänge werden
durch Gewebebahnen befestigt oder erhalten eine Tragschicht aus Schotter.
Damit der Schotter nicht abrutscht, wird der Untergrund abgetreppt.

einen steilen Hang laufen, dann rutschen wir bei jedem Schritt ein bisschen nach unten. Scherkräfte treten damit auf. Dies halten die Graswurzeln nicht über längere Zeit aus. Auf steilen Hängen, die belau-
fen werden, verkahlen Rasenflächen also leicht und die Erosion, die ja
eigentlich verhindert werden sollte, setzt wieder ein. Auch das Rasenmähen ist auf einem steilen Hang eine körperliche Herausforderung.
Da ist es viel einfacher, zweimal im Jahr eine Blumenwiese auf dem
Hang mit der Sense oder der Sichel abzumähen.

Das i-Tüpfelchen zum Schluss: Blumenzwiebeln

Die Rasen- und Wiesenflächen alter Schlossgärten erstrahlen im Frühjahr in wunderbaren Farben. Leuchtende Teppiche aus Schlüsselblumen, Krokussen, Milchsternen, Schneeglöckchen, Märzenbechern und
Hasenglöckchen verwandeln die noch schmutzig grünen Rasenflächen
in ein Farbfeuerwerk. Das wünschen wir uns auch für unseren Garten.

Nicht nur fürs Frühjahr: Geophyten (Zwiebelblumen)

Deutscher Name *Botanischer Name*	Blüten- farbe	Blütezeit	Bemerkungen
Schneeglöckchen *Galanthus nivalis*	weiß	2 – 3	am besten getopft oder als Ballen pflanzen, Waldpflanze
Frühlingskrokus *Crocus vernus*	weiß oder lilablau	3 – 4	nur selten echt im Handel
Wilde Narzisse *Narcissus pseudonarcissus*	gelb	3 – 4	sonniger Standort
Hundszahnlilie *Erythronium dens-canis*	rosa	3 – 4	liebt Feuchtigkeit, in den Alpen heimisch
Knöllchensteinbrech *Saxifraga granulata*	weiß	4 – 6	verträgt auch Halbschatten
Doldiger Milchstern *Ornithogalum umbellatum*	weiß	4 – 5	breitet sich gerne aus
Hasenglöckchen *Hyacinthoides non-scripta*	blau	4 – 5	Waldpflanze, verträgt auch Halbschatten
Kleine Traubenhyazinthe *Muscari botryoides*	blau	4 – 5	trockener Boden, sonniger Standort
Märzenbecher *Leucojum vernum*	weiß	4 – 5	braucht Feuchtigkeit
Schachbrettblume *Fritillaria meleagris*	purpur- rosa kariert	4 – 5	braucht Feuchtigkeit
Sumpfgladiole *Gladiolus palustris*	purpur	6 – 7	braucht Feuchtigkeit
Schöner Lauch *Allium carinatum* *ssp. pulchellum*	violett- rosa	7 – 8	trockener, kalkreicher Boden, sonniger Standort
Kugelköpfiger Lauch *Allium sphaerocephalon*	dunkelrot	7 – 8	trockener, magerer Boden, sonniger Standort
Feuerlilie *Lilium bulbiferum*	orange	7 – 9	in den Alpen heimisch
Herbstzeitlose *Colchicum autumnale*	rosa	9 – 10	verträgt Halbschatten, **sehr giftig**

Nach der Neuanlage einer Wiese oder eines Rasens sollten wir uns aber erst einmal in Geduld üben. Von den Schlüsselblumen abgesehen, haben fast alle Frühblüher Übersommerungsorgane mit Speichergewebe für

Nährstoffe: Zwiebeln, Knollen oder Rhizome. Solche Zwiebelblumen, von denen etliche Arten auch später im Jahr blühen, haben in gestörten Böden Schwierigkeiten, sich zu etablieren. Zu früh gesetzt, blühen sie ein- oder zweimal und verschwinden dann. Dauerhaft beeindruckende Farbteppiche erreichen wir nur, wenn sich der Boden zum Zeitpunkt der Pflanzung schon wieder gesetzt und beruhigt hat, wenn also wieder eine stabile Bodenschichtung entstanden ist. Das ist erst nach drei bis fünf Jahren der Fall.

Um schöne Aspekte zu erzielen, sollten nicht zu wenige Exemplare gesetzt werden. Hier heißt es also: klotzen und nicht kleckern. Auch deshalb ist es empfehlenswert, die Zwiebeln und Knollen erst zu pflanzen, wenn die Pflanzen auch eine Chance haben, sich zu etablieren.

Keine Zwiebeln aus Raubbau kaufen
Immer noch werden Blumenzwiebeln im Handel angeboten, die nicht in Gärtnereien herangewachsen sind, sondern an Wildstandorten ausgegraben wurden. Diese liegen meist im Mittelmeerraum. Dort wird teilweise Raubbau betrieben, also weit mehr entnommen, als nachwachsen kann.

Auf den Packungen muss die Herkunft der Zwiebeln vermerkt sein. Wer nicht auf Kosten der Natur anderer Länder gärtnern möchte, kauft keine Ware aus Wildsammlung und achtet auf die Herkunftsbezeichnung.

Blumenzwiebeln werden im Herbst gesteckt. Je früher das geschieht, desto länger haben die Pflanzen Zeit, Wurzeln auszubilden und im Garten »anzukommen«. Die bekannte Faustregel für die Pflanztiefe lautet: doppelt so tief, wie die Zwiebel hoch ist. Dass Wurzelansätze nach unten zeigen sollten, ist eigentlich selbstverständlich, es gibt aber Ausnahmen. Bei einigen Arten (z. B. Schachbrettblume, Herbstzeitlose) gibt es nämlich am oberen Ende kleine Vertiefungen, die vom letzten Blütenstiel herrühren. Zwiebeln und Knollen mit einer solchen Vertiefung sollten besser auf die Seite gekippt eingepflanzt werden. Ansonsten könnte sich Wasser in der Vertiefung sammeln und Fäulnis hervorrufen. Wurzeln und Austrieb können die Schwerkraft wahrnehmen und den Weg nach oben beziehungsweise nach unten finden.

Bei manchen Arten (beispielsweise bei der Schachbrettblume) ist es ausgesprochen ungünstig, sie nach dem Kauf noch lange herumliegen zu lassen. Deren Übersommerungsorgane sind nur durch dünne Häutchen vor dem Austrocknen geschützt. Sie können deshalb nur kurze Zeit außerhalb des Bodens überdauern. Auch Arten mit robusteren Häutchen dürfen nicht zu warm oder zu feucht gelagert werden. Also am besten gleich einpflanzen! Vergessene Tüten mit Frühblühern sind oft nur noch ein Fall für den Kompost.

Um einen möglichst natürlichen Eindruck zu erzeugen, überlassen wir die »Pflanzplanung« dem Zufall: Wir werfen die Zwiebeln locker auf die Fläche und pflanzen sie dort ein, wo sie auf den Boden gefallen sind. Bei kleinen Arten wie Traubenhyazinthen ist es sinnvoll, sich die Zahl der geworfenen Zwiebeln zu merken und beim Einpflanzen nachzuprüfen, ob wir vielleicht einige übersehen haben.

Vier Regeln sichern den Erfolg beim Ansiedeln von Geophyten:

• **Den richtigen Standort wählen:** Wenn Frühblüher für magere, sonnige Standorte wie Traubenhyazinthen *(Muscari)* in schwere, staunasse Böden gesetzt werden, können sie das nicht überleben. Auch werden sich Frühblüher für halbschattige, feuchte Bereiche wie Märzenbecher *(Leucojum vernum)* kaum auf einem Trockenstandort etablieren.

• **Staunässe vermeiden:** Wenn die Speicherorgane in einem feuchten, sauerstoffarmen Boden zu liegen kommen, dann werden sie sich kaum gegen Bakterien und Pilze zur Wehr setzen können, sie verfaulen. Schwere Böden sollten deshalb durch Einarbeiten von Sand durchlässig gemacht werden. Dabei ist es wichtig, dass nicht nur ein unterirdischer »Eimer« geschaffen wird, in dem sich dann das Wasser sammelt. Der Wasserabzug sollte großflächig gewährleistet sein (siehe Seite 60).

• **Nicht zu früh mähen:** Geophyten sammeln in ihren Speicherorganen die Nährstoffe für die nächste Blühsaison. Es ist besser, erst zu mähen, wenn die Blätter anfangen, zu vergilben. Auch die Samen werden dann schon ausgefallen sein und zur Verbreitung der Pflanzen beitragen.

• **Fraßfeinde behindern:** Die Speicherorgane der Geophyten sind ein gefundenes Fressen für Wühlmäuse und andere Pflanzennutzer, die in

Im Porträt: Herbstzeitlose
(Colchicum autumnale)

Krokusse im Herbst? Wenn das Jahr zu Ende geht, tauchen auf extensiv gepflegten Wiesen und Weiden plötzlich die rosa Blütenkelche der Herbstzeitlosen auf. Keine Blätter sind zu sehen, die markanten Blattbüschel mit den Fruchtständen erscheinen erst im Frühjahr. Herbstzeitlosen sind außergewöhnliche und interessante Pflanzen für den Naturgarten. Wer sie im Garten ansiedelt, sollte allerdings um die Giftigkeit der Pflanze wissen. *Colchicin* verhindert die Zellteilung und wird deshalb zur Auslösung von Mutationen in der Pflanzenzüchtung, aber auch in der Krebstherapie eingesetzt. Alle Teile, insbesondere die Samen sind stark giftig! Nun wird niemand auf die Idee kommen, Herbstzeitlosen-Samen zu verspeisen, aber bevor wir uns diese Pflanze in den Garten holen, sollten wir sicher sein, dass alle Nutzer des Gartens auch mit stark giftigen Pflanzen sicher umgehen können.

Wert für Tiere: Bienen und Hummeln finden an den Blüten der Herbstzeitlosen noch spät im Jahr Nahrung, einige Eulenfalter fressen die Blätter.

der Erde leben, zum Beispiel Drahtwürmer. Drahtwürmer sind eigentlich keine Würmer, sondern die Larven von Schnellkäferarten. Sie brauchen für ihre Entwicklung mehrere Jahre und kommen deshalb gerne in Wiesen vor. In einer artenreichen Wiese fallen ihre Fraßspuren nicht auf. Konzentrieren sich die Larven aber auf einige wenige Blumenzwiebeln, dann werden wir im Frühjahr umsonst auf die Blüte warten. Wenn die Larven von Schnellkäfern auf einer Fläche vorkommen, dann sollten wir vor dem Ausbringen der Blumenzwiebeln die Drahtwürmer ködern und entfernen. Dazu werden angeschnittene Kartoffeln mit der Schnittfläche nach unten in die Erde eingegraben. Kartoffeln sind die Leibspeise der Drahtwürmer und wir können nach einigen Tagen die Kartoffeln mit den darin enthaltenen Würmern auflesen und außerhalb des Gartens entsorgen.

Auch Wühlmäuse lieben Blumenzwiebeln, nur Narzissen und Herbstzeitlosen werden verschont. Wenn es Wühlmäuse im Garten gibt, ist es sinnvoll, die Zwiebeln in Draht- oder Kunststoffkörbe zu setzen, die zu diesem Zweck angeboten werden.

Wir sehen: Es ist viel einfacher, Frühblüher auf trockenen, sonnigen Standorten anzusiedeln als in Feuchtwiesen. Wühlmäuse meiden Schotter, auch Staunässe oder Drahtwürmer sind hier nicht zu erwarten. Auf Magerstandorten ist es nur wichtig, die Erde über dem Pflanzloch mit sterilem Grünkompost zu vermischen, um den Pflanzen für ihren ersten Start einen Nährstoffvorrat zur Verfügung zu stellen.

Frühblüher in einer Feuchtwiese anzusiedeln ist eine Herausforderung. Hierfür kommt vor allem die Schachbrettblume in Frage, aber auch Wilde Narzissen und Märzenbecher können auf frischen bis feuchten Wiesen angesiedelt werden. In Feuchtwiesen ist es vorteilhaft, die Pflanzen als Topfware einzusetzen, um die kritische Phase, in der ein durch den Transport gestresstes oder geschädigtes Übersommerungsorgan in der Erde liegt, zu vermeiden. Dies gilt vor allem für die Schachbrettblume, deren Zwiebeln sehr dünnhäutig sind und leicht austrocknen oder verfaulen. Bei Schachbrettblumen ist die Ansiedlung in den trockeneren Bereichen der Feuchtwiese auf jeden Fall Erfolg versprechender als die Ansiedlung in einer Senke, in der ganzjährig das Wasser steht.

Rasen und Wiesen pflegen

Naturnah schneiden: nur so viel wie nötig

Bei der Rasen- und Wiesenpflege wird der Unterschied zwischen einem konventionellen und einem naturnahen Rasen sehr deutlich: Im konventionellen Garten wird die Grasnarbe durch Pflegemaßnahmen und Herbizide in ihrer Gleichförmigkeit erhalten und durch Bewässerung und Düngung zu Höchstleistungen im Wachstum angetrieben. Das führt dazu, dass regelmäßig geschnitten werden muss und das Schnittgut dann auf dem Kompost oder im Mülleimer landet. Im Grunde wird also aus dem investierten Dünger und Wasser Grasschnitt produziert, der oft als Abfall entsorgt wird.

Im Naturgarten versuchen wir, möglichst wenig in die Lebensgemeinschaft einzugreifen, also auch möglichst wenig zu mähen. Wir düngen nicht oder nur wenig, um den schwach wachsenden Wildblumen eine Chance zu geben, und bewässern die Flächen nicht. Es ist doch pure Verschwendung, Trinkwasser dafür zu benutzen, um das zeitweise Vergilben einer Rasenfläche zu verhindern. Stattdessen begrüßen wir Trockenzeiten als eine Chance für die schönen Hungerkünstler unserer Natur, ihren Konkurrenzvorteil auszuspielen.

Auf diese Weise haben wir weniger Arbeit und weniger Grasschnitt zu entsorgen. Den Schnitt des Blumenrasens können wir meistens auf der Fläche selbst kompostieren, brauchen ihn also nicht aufwendig zu entsorgen.

Schädlich ist das Mähen für die Pflanzen der Rasen und Wiesen aber nicht, selbst wenn sie mitten in der Blüte geschnitten werden. Sie sind ja ans »Abgefressenwerden« angepasst (siehe dazu Seite 12) und erholen sich rasch wieder. Blumenrasen und Blumenwiesen werden nach wenigen Wochen wieder bunt.

Blumenrasen mähen

Jahrhundertelang wurden Rasenflächen in Parks und Gärten beweidet oder mit der Sense gemäht. Was für eine schöne Vorstellung: In aller

Frühe, wenn das Gras noch feucht ist, hinausgehen, den Rhythmus des eigenen Körpers fühlen, die Sense durch das Gras gleiten lassen. Die Morgenstille genießen und sie nicht durch Maschinengeräusche unterbrechen (siehe Seite 122).

Allerdings braucht es viel Übung und Erfahrung, bis eine mit der Sense gemähte Rasenfläche nicht wie gerupft aussieht. Und viele, die während der Woche berufstätig sind, werden keine Lust haben, am Wochenende morgens früh hinauszugehen und die Rasenfläche zu sensen. Außerdem braucht das Sensen von Flächen mit kurzem Bewuchs besonders viel Übung.

Ein Plädoyer für den Handrasenmäher (Spindelmäher)

Langschläfer und diejenigen, die keine Lust haben, die Kunst des Sensens zu erlernen, werden also bei der Pflege der Rasenflächen auf den Rasenmäher zurückgreifen. Rasenmäher bringen nur bei trockenem Gras gute Ergebnisse. Ein gut gepflegter und geschärfter Handrasenmäher schneidet die Pflanzen wie eine Schere und damit so wie eine geübt geführte Sense. Die glatten Schnittkanten können rasch verheilen und bieten Pilzen kaum Angriffsflächen. Auch die Lärmentwicklung hält sich in Grenzen. Handrasenmäher fallen nicht unter die sogenannte Rasenmäher-Verordnung, dürfen also auch nach 19 Uhr und in der Mittagszeit benutzt werden.

Der zusätzliche Vorteil des Handrasenmähers: Er ist absolut abgasfrei. Dies schont nicht nur das Klima, sondern auch die eigene Gesundheit. Weder Sie noch Ihre Nachbarn möchten eine Abgasmenge von 200 Autos mit geregeltem Katalysator einatmen, wie es bei einem Zweitakt-Benzin-Rasenmäher der Fall ist.

Natürlich braucht es etwas Kraft, einen Spindelmäher zu bedienen, aber ein Grund, warum wir gerne im Garten arbeiten, ist doch auch die Tatsache, dass wir uns in unserem Garten an frischer Luft bewegen und so gesund erhalten. Vor allem bei kleinen Rasenflächen wird das meisten das Rasenmähen ohne Umweltbelastung nicht überanstrengen und das Fitnessprogramm ist gleich inklusive.

Elektrorasenmäher

Aber manchmal passen auch bei umweltbewussten Gartenfreunden die körperliche Belastbarkeit und die Größe der Rasenfläche nicht mit dem Wunsch zusammen, diese mit einem Handrasenmäher zu pflegen. Elektrorasenmäher sind eine Möglichkeit, die Belastung der Atemluft mit gesundheitsschädlichen Abgasen zu verhindern. Natürlich wird irgendwo der Strom für den Rasenmäher in einem Kraftwerk produziert, aber auch bei Einrechnung aller Leitungs- und Speicherverluste haben Elektrorasenmäher wesentlich bessere Emissionswerte als Benzinrasenmäher. Der Lärmpegel eines Elektrorasenmähers ist außerdem etwa halb so groß wie der eines Benzinrasenmähers, kann aber im ungünstigen Fall zwischen 80 und 90 Dezibel liegen. Dies entspricht dem Lärm eines vorbeifahrenden LKW und würde als Dauerlärm Gehörschäden hervorrufen. Es macht also Sinn, auch bei der Anschaffung eines Elektrorasenmähers ein möglichst leises Gerät zu wählen.

Elektrorasenmäher beziehen ihren Strom entweder über ein Kabel aus der Steckdose oder aus einem Akku. Auch wenn der Akku das Rasenmähen erleichtert, weil dann nicht mehr die Gefahr besteht, über das Kabel zu fahren und es zu zerschneiden, sprechen gewichtige Argumente gegen Akku-Rasenmäher: Bei Rasenmähern werden zumeist die besonders umweltbelastenden Akkus mit Blei oder Cadmium verwendet. Es gibt bislang nur wenige Geräte mit den weniger problematischen Lithiumionen-Akkus. Außerdem erhöhen Akkumulatoren den Stromverbrauch durch Verluste beim Laden und bei der Speicherung des Stromes. Zudem ist die Reichweite der Akku-Rasenmäher begrenzt. Nach etwa 300 Quadratmetern muss der Akku wieder an die Steckdose.

Für die meisten Rasenbesitzer wird die Aufgabe, das Kabel mitzuführen, lösbar sein. Elektromäher hatten früher eine geringere Leistung als Benzinrasenmäher und kamen schlecht mit höherem oder feuchtem Bewuchs zurecht. Inzwischen bietet der Markt aber auch Modelle mit Riemenübersetzung an, die genauso leistungsfähig sind wie Modelle mit Verbrennungsmotor.

Handrasenmäher mit Zusatzmotor

Es gibt auch Handrasenmäher, bei denen die Unterstützung durch einen Elektromotor zugeschaltet werden kann, ähnlich wie bei den Elektrofahrrädern. Sie sind ohne Motorunterstützung etwas schwerer zu bewegen als ein normaler Handrasenmäher. Dafür wird hier mit Spindeln geschnitten, was für die Pflanzen besonders schonend ist. Die meisten Motorrasenmäher schneiden mit rotierenden Messern, die die Pflanzen eher abschlagen als abschneiden, eine für Pflanzen eher ungünstige und für sich im Messerbereich aufhaltende Tiere zumeist tödliche Schnitttechnik.

Rasenmäher mit Verbrennungsmotor

Benzinrasenmäher sind mit den größten Umweltbelastungen verbunden. Ihre Abgase belasten Klima und Gesundheit, der Lärm ist mit Werten um 100 Dezibel ungefähr doppelt so hoch wie bei einem leisen Elektromäher. Die meisten Schadstoffe emittieren Zweitaktmotoren ohne Katalysator. Inzwischen werden vor allem Viertaktmotoren, teilweise mit Katalysator, angeboten, die weniger Schadstoffe als die Zweitakter ausstoßen.

Bei Benzinrasenmähern ist eine gute Wartung Voraussetzung für lange Lebensdauer. Einmal im Jahr ist ein Ölwechsel fällig, das Motorenöl muss dann als Sondermüll entsorgt werden.

Besonders gesundheitsbelastend sind Motorrasenmäher, die mit Diesel betrieben werden. Hier entstehen zu den Abgasen zusätzlich noch krebserzeugende Feinstäube. **Dieselrasenmäher** werden in Privatgärten jedoch zum Glück nur sehr selten eingesetzt.

Die meisten Rasenmäher mit Benzin- oder Dieselmotor sind sogenannte Selbstfahrer, der Motor treibt also nicht nur die Messer, sondern auch die Räder an. Eine besondere Variante ist der **Luftkissenmäher,** der statt Räder auf einem Luftkissen geschoben wird. Dadurch ist er mit nur geringem Kraftaufwand zu bedienen und sehr wendig. Lange Grashalme werden allerdings auf den Boden gedrückt und nicht abgeschnitten, deshalb eignet sich diese Bauart nicht für naturnahe Blumenrasen, die ja tendenziell höher aufwachsen dürfen. Außerdem muss der Motor nicht nur die Messer bewegen, sondern auch noch das

Luftkissen erzeugen, und das macht sich durch eine zusätzliche Lärm-produktion bemerkbar.

Blumenwiese mähen

Wenn eine Wiese geschnitten wird, dann sind die Pflanzen zwischen 30 Zentimeter und einen Meter hoch. Das ist für jeden Rasenmäher eine Überforderung. Die Geräte, die wir brauchen, um diese Aufgabe zu bewältigen, kommen aus dem landwirtschaftlichen Bereich und sind meist Profi-Werkzeuge, das gilt auch für die Handgeräte Sense und Sichel.

Mähen mit der Sichel

Sicheln eignen sich zum Schneiden kleinerer Flächen. Dabei wird in der Regel das Mahdgut mit der »schwachen« (bei Rechtshändern also mit der linken) Hand festgehalten und vorgespannt und dann mit der von der »starken« Hand geführten Sichel abgeschnitten. Diese Vorgehens-weise, Pflanzen abzuschneiden, eignet sich also besonders für Ernte-arbeiten, denn das abgeschnittene Material kann so leicht aufgehäuft oder auf andere Weise zur Weiterverarbeitung geordnet abgelegt wer-den. Sicheln gab es tatsächlich schon vor der »Erfindung« des Acker-baus. In Kleinasien hat man Sichelklingen aus Feuerstein gefunden, die elftausend Jahre alt sind. Schnitter und Schnitterinnen haben über Jahrtausende mit Sicheln Getreide geerntet.

Sicheln brauchen nicht sonderlich scharf zu sein, denn die vor-gespannten Pflanzenteile werden eher durchgeschlagen als durchge-schnitten. Durch diese Vorgehensweise ist das Benutzen der Sichel aber auch nicht ungefährlich. Es ist wichtig, sich ständig darauf zu konzen-trieren, dass die Sichel nicht die Hand, die das Mahdgut umgreift, ver-letzt. Zur Sicherheit sollten gute Schutzhandschuhe getragen werden, auch wenn es dann schwieriger ist, das Pflanzenbündel präzise zu fas-sen. Scharfe Sicheln können auch ähnlich wie eine Sense benutzt wer-den, also so, dass die Sichel durch das Gras geführt wird, ohne dass eine Hand ein Grasbüschel vorher fasst. Beim Absicheln muss man sich jedoch immer bücken, was nicht sonderlich gesund für den Rücken ist.

Mit der Sichel zu mähen, ist nur für Flächen von wenigen Quadratmetern empfehlenswert.

Mähen mit der Sense

Sensen unterscheiden sich von den Sicheln durch eine weniger gebogene, aber längere Klinge und einen langen Stiel. Das Mahdgut wird also nicht mit der »schwachen« Hand festgehalten, sondern die Schneide wird in aufrechter Haltung durch den zu mähenden Pflanzenbestand geführt. Dafür muss das Sensenblatt aber so scharf sein, dass die Pflanzen auch ohne Vorspannen durchschnitten werden können.

Pflanzen, deren Gewebe am frühen Morgen durch die gute Wasserversorgung straff sind, und die deshalb aufrecht stehen, sind leichter zu durchschneiden als welke Pflanzen in der Mittagssonne. Deshalb wird vorzugsweise dann gemäht, wenn die Pflanzen keinen Trockenstress haben, also morgens. Bei Nieselregen kann auch tagsüber gemäht werden, allerdings sollten wir sicher sein, dass eine Schönwetterperiode folgt, in der das Heu dann auch trocknen kann. Mit Sensen können große Flächen gemäht werden, ohne dass der Rücken ermüdet. Erfahrene Senserinnen und Senser können stundenlang arbeiten.

Eine Fläche mit der Sense zu mähen, ist, ökologisch betrachtet, der vorteilhafteste Weg. Die Sense schädigt fast keines der vielen Wiesentiere. Abgase oder Lärm entstehen nicht.

Mähen mit der Sense kann als gesunde und entspannende sportliche Tätigkeit im Freien zu einem Hobby werden. Die langsamen, rhythmischen Bewegungen von rechts nach links und von links nach rechts wirken beruhigend und ausgleichend, dazu der Duft des abgeschnittenen Grases und der Blumen, das leise Geräusch der Schneide: Mäherinnen und Mäher berichten, dass sie manchmal einen meditativen Zustand höchster Aufmerksamkeit bei gleichzeitiger Selbst- und Zeitvergessenheit erreichen.

Die richtige Sense für die zu mähende Fläche auszuwählen, sie richtig einzustellen, zu schärfen und zu bedienen, ist leicht zu erlernen, am besten in einem Kurs, zum Beispiel in einer Volkshochschule, Umweltbildungseinrichtung oder beim Deutschen oder Österreichischen Sensenverein (Adressen siehe Seite 175).

Sensen sind, verglichen mit Rasenmähern oder Motorsensen, nicht teuer. Wir können uns also mit Freude eine Sense in guter Qualität zulegen. Das Sensenblatt sollte voll geschmiedet sein und einen Kohlenstoffgehalt unter einem Prozent haben. An der Schneide darf das Blatt nicht mehr als ein Millimeter dick sein, sonst lässt es sich nicht ausreichend schärfen. Sensen werden während des Mähens regelmäßig mit dem Wetzstein geschärft, wenn dies nicht mehr zum Erfolg führt, gedengelt.

Beim Dengeln wird die Schneide mit Hammer und Amboss bearbeitet, dieses kalte Schmieden schafft eine dünne und gut zu schleifende Schneide und härtet den Stahl nach. Ein Nachschärfen durch Schleifen führt deshalb nicht zum gewünschten Erfolg, die Schneide bleibt weich und wird leicht unbrauchbar. Anfängern erleichtert ein Dengelapparat das Dengeln, Sicherheitssensenschleifer schützen die Hand vor Schnittverletzungen beim Wetzen des Sensenblattes.

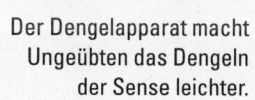

Gewetzt wird immer vom Bart zur Spitze, so entstehen winzige Sägezähne, die das Gras effektiv schneiden können. Beim Wetzen wird die Sense mit dem oberen Griff auf die Erde gesetzt und vor dem Körper aufgestellt. Das Blatt wird mit einem Lappen gereinigt und dann

Der Dengelapparat macht Ungeübten das Dengeln der Sense leichter.

wird der Wetzstein in einem Winkel von 45 Grad zum Sensenblatt an der Schneide entlanggeführt. Die meisten Wetzsteine müssen feucht sein und werden deshalb in einem Wasserbehälter mitgeführt. Der Wetzstein wird regelmäßig gereinigt, sonst verstopfen winzig kleine Metallsplitter seine raue Oberfläche, ein Schleifen ist dann nicht mehr möglich.

Auf ebenen Flächen ohne Gehölzinseln werden längere Sensenblätter eingesetzt als auf stärker strukturierten oder geneigten Wiesen. Mit längeren Sensenblättern können breitere Streifen gemäht werden, die Arbeit ist dadurch aber auch anstrengender. Für Anfänger ist ein

Blatt mit einer Länge von 65 – 75 Zentimeter geeignet.

Wenn die Länge des Sensenbaumes auf die Körpergröße abgestimmt wird, ist ein entspanntes Arbeiten in aufrechter Haltung möglich. Vertikal vor dem Körper aufgestellt, sollte das obere Ende des Sensenbaums vor dem Kehlkopf liegen. Der Sensenbaum hat zwei Griffe, der mittlere sollte so angebracht sein, dass ihn die Faust bei ausgestrecktem Arm umfassen kann, wenn der obere Griff unter der Achselhöhle liegt.

Es ist besser, wenn die Holzgriffe nicht lackiert sind, dann bleiben die Hände immer trocken und können nicht abrutschen. Wenn der mittlere Griff nicht kurz, sondern als hohe Krücke ausgebildet ist, dann ist es leicht, eine rückenschonende, aufrechte Haltung bei der Arbeit einzunehmen.

Beim Sensen wird das Sensenblatt immer parallel zum Boden geführt. Das leicht nach oben aufgestellte Blatt schneidet dann so die Pflanzen schräg nach oben ab. Dabei geht die Bewegung vom Oberkörper aus, die Arme bewegen sich nicht. Am Anfang des Schwunges ist das etwas vor dem linken Fuß aufgesetzte rechte Bein gebeugt, am Ende wird es gestreckt. Während des Rückschwunges geht der oder die Mähende zwei Schritte nach vorne, sodass der rechte Fuß wieder vorne steht. Zum nächsten Schnitt führen wir das Sensenblatt nur ungefähr zehn Zentimeter in den Bestand ein.

Bei einer richtig eingestellten Sense bleiben Sensenspitze und Sensenblatt immer leicht nach oben gerichtet. Das gemähte Gras wird nach links als sogenannter »Schwaden« abgelegt.

Auch wenn wir im Privatgarten das Heu nicht verwenden können: Es ist wichtig, das Mahdgut auf der Fläche zu trocknen. Nur so kön-

Die Länge der Sense sollte auf die Körper- und Armlänge abgestimmt sein.

nen die Pflanzen nachreifen und Samen noch auf der Fläche ausfallen. Dafür wird der Bewuchs erst einmal in einer dünnen Schicht ausgebreitet und dann so lange mit einem Heurechen gewendet, bis das Heu trocken ist. Erst dann wird es zu Schwaden aufgehäuft und abgeräumt. Blumenwiesenheu ist Gesundheitsfutter für Meerschweinchen und Kaninchen, es gibt bestimmt dankbare Abnehmer in der Nachbarschaft.

Richtig sensen
- Die Sense an das Körpermaß anpassen, so wird eine rückenschonende aufrechte Haltung beim Mähen möglich.
- Sense regelmäßig während des Sensens nachschärfen.
- Sense regelmäßig dengeln.
- Schneide immer parallel zum Boden führen, leicht nach oben zeigend.
- Für jeden Schnitt nur etwa zehn Zentimeter in den Bestand eintauchen lassen.
- Beim Schwingen der Sense die Körperachse drehen, nicht die Arme.

Motorsense

Für sehr große Flächen gibt es Motorsensen. Mit ihnen kann schneller gearbeitet werden und es sind keine handwerklichen Fähigkeiten notwendig, um sie zu bedienen. Dafür handelt man sich aber auch einige Nachteile ein: Der Motor wird mit Benzin betrieben und gibt seine Abgase direkt am Kopf des Sensenführers ab, auch ist der Lärm, den eine Motorsense entwickelt, erheblich. Leider sind Elektromotoren für Sensen kaum eine Alternative, sie sind zu leistungsschwach für größere Flächen und eher für Ausputzarbeiten und kleine Flächen geeignet, also für solche Flächen, die auch mit einer Sichel bearbeitet werden können.

Die Lärmentwicklung von Sensen mit Elektromotor liegt bei 80 Dezibel. Motorsensen mit Benzinmotoren dagegen produzieren eine Lärmbelastung von 95 – 100 Dezibel, das entspricht einem lauten Benzinrasenmäher. Wie bei den Rasenmähern werden Viertaktmotoren und Zweitakter angeboten, wobei die Zweitaktmotoren besonders viele Abgase emittieren.

Das Gras wird bei Motorsensen durch einen schnell rotierenden Faden oder ein rotierendes Messer geschnitten. Dabei werden öfters Steinchen oder andere schwere Kleinteile erfasst und durch die Luft geschleudert. Deshalb ist es unbedingt notwendig, dass Motorsensenführer eine »Persönliche Schutzausrüstung« tragen, die vor diesen Geschossen schützt. Das sind Arbeitsschuhe, eine Prallschutzhose, ein Helm mit Augenschutzschirm, Arbeitshandschuhe und Gehörschutz.

Insekten und andere Tiere werden von den schnell rotierenden Schneidwerkzeugen unbarmherzig erfasst. Auch deshalb sind die Motorsensen weniger empfehlenswert.

Balkenmäher oder Kreiselmäher für große Flächen?

Schnell kreisende Messer sind tödlich für Tiere. Weil die Messer einer Motorsense nur einen kleinen Bereich erfassen und der Motorsensenführer eher langsam vorankommt, können mobile Tiere noch fliehen. Bei dem relativ schnell fahrenden Kreiselmäher, der von einem Traktor gezogen wird, ist das nicht mehr der Fall. Kreiselmäher sind deshalb das Mähgerät, das die meisten Tiere tötet.

Für sehr große Flächen im landwirtschaftlichen Bereich sind deshalb Balkenmäher, die das Gras mit zwei gegeneinander arbeitenden Messerbalken abschneiden, die naturschonendere Alternative.

Tierverluste bei motorbetriebenen Mähgeräten minimieren

Wenn große Flächen mit motorbetriebenem Mähgerät oder einem Mähwerk gemäht werden sollen, können Tierverluste durch die Wahl des richtigen Zeitpunkts und die Art des Mähens verringert werden:

- Eine Schnitthöhe von 10 – 12 Zentimeter schont Amphibien, Ameisen und Bodenbrüter.
- Nicht zur Hauptflugzeit der Insekten mähen. Also nicht in der Mittagszeit und an warmen sonnigen Nachmittagen.
- Flächen nicht von außen nach innen, sondern von innen nach außen bearbeiten oder von einer Seite zur anderen. So können einige Tiere noch vor dem Mähwerk fliehen.

- Mosaik- oder Staffelmahd lässt Rückzugsräume auf der Fläche stehen. Bei der Staffelmahd werden nur Teilflächen gemäht. Zu einem späteren Zeitpunkt werden dann andere Teilflächen bearbeitet. Bei der Mosaikmahd werden einige Bereiche wie Grabenränder, Wegränder und kleinere Inseln in der Fläche von der Mahd ganz ausgenommen.
- Möglichst wenige Überfahrten mit möglichst leichten Geräten vermindern zudem die Bodenverdichtung.

Der richtige Zeitpunkt

Die Artenzusammensetzung einer einmal vorhandenen Wiese oder eines Rasens wird davon beeinflusst, wie oft die Fläche gemäht wird, und vor allem, wann die Fläche im Jahr zum ersten Mal geschnitten wird. Eine Blumenwiese, die mit Hilfe einer hochwertigen und artenreichen Blumenwiesenmischung angelegt wurde, kann durch falsche Pflege zu einer artenarmen Grasflur verkommen, und das heißt vor allem: durch falsche Mahdzeiten und Verzicht auf das Trocknen des Mahdgutes. Aber keine Angst! Der Blumenwiesenexperte Johannes Burri aus der Schweiz sagt es so: »Bei der Blumenwiesenpflege darf man jeden Fehler machen, es ist nur wichtig, dass man ihn nur einmal und nicht regelmäßig macht.«

Blumenrasen mähen

Blumenrasen tragen die Pflanzengesellschaften der Magerweiden. Bei ihrer Pflege handeln wir also ähnlich wie ein Bauer mit einer Rinderoder Schafherde, nur dass Sense, Sichel oder Rasenmäher die Tiere ersetzen. Aufgetrieben wird, wenn die Weiden einen Aufwuchs zeigen, der die Tiere eine gewisse Zeit ernähren kann. Das ist bei Flächen in Norddeutschland zu einer anderen Zeit als im Bayerischen Wald. In der Regel steht der Bewuchs dann 20 – 30 Zentimeter hoch, die Frühblüher sind verblüht und ihre Blätter sind schon vergilbt. Dies wird meist im Mai der Fall sein, und zu dieser Zeit schneiden wir den Blumenrasen das erste Mal. Einige Inseln können stehen bleiben, hier kommen dann Margeriten und Salbei zur Blüte.

Danach wird nach Bedarf gemäht oder immer, wenn der Bewuchs eine Höhe von 10 – 20 Zentimeter erreicht hat. Auf jeden Fall sollte ein Blumenrasen, wie Spielrasen ja auch, noch einmal spät im Jahr gemäht werden, und zwar kurz nachdem der Rasen aufgehört hat, zu wachsen. So kann kein Filz aus abgestorbenen Halmen entstehen. In den meisten Regionen wird das Ende Oktober sein, in höheren Lagen früher, im Weinbauklima wachsen Gräser manchmal auch noch im November.

Die Unregelmäßigkeit der Pflege, sowohl zeitlich als auch räumlich, unterstützt den Artenreichtum und den Strukturreichtum der Fläche. In den nicht gemähten Inseln haben die Raupen mancher Schmetterlinge die Möglichkeit, sich zu entwickeln, und Heuschrecken erhalten einen Rückzugsraum. Auf Blumenrasenflächen sind eigentlich immer Bläulinge zu beobachten. Meist handelt es sich hierbei um Hauhechelbläulinge, die ihre Eier auf Hornkleepflanzen ablegen und deren Raupen gerne Hornkleeblätter fressen. Wenn wir also Bläulinge beobachten, sollten wir Flächen mit Hornklee beim Mähen aussparen. Kleine Ameisenhügel, sogenannten »Solarien«, schonen wir ebenfalls, auch um Grünspechte, die sich ja von Rasenameisen ernähren, beobachten zu können.

Blumenwiesen mähen

Eine Blumenwiese wird später gemäht als ein Blumenrasen. Die Wiesenpflanzen, die auf die Vermehrung durch Samen angewiesen sind, sollen sich aussamen können. Das bedeutet, dass wir das erste Mal schneiden, wenn die Wiese in der schönsten Blüte steht. Dann reifen viele Arten im trocknenden Heu noch nach und die Samen fallen aus. Dies ist zum Beispiel beim Glatthafer der Fall, aber auch bei der Wiesenglockenblume (*Campanula patula*), der Wilden Möhre (*Daucus carota*) und bei den Klappertopfarten (*Rhinanthus*).

Der erste Schnitt sollte dann durchgeführt werden, wenn die Margeriten anfangen zu verblühen. Auch hier ist es wichtig, große Flächen in Abschnitten zu mähen und einige Bereiche ganz ungemäht zu lassen, um Rückzugsräume für Tiere zu schaffen.

Wenn der Boden nährstoffreich ist, wird nach dem ersten Schnitt noch zweimal gemäht, bei nährstoffärmeren Böden reicht ein weiterer

Schnitt. Wiesen auf ganz nährstoffarmen Magerstandorten werden nur einmal im Jahr gemäht. Dieser Schnitt ist dann aber später im Jahr, er sollte frühestens im Juli durchgeführt werden. Feuchtwiesen werden in der Regel zweimal jährlich gemäht, der erste Schnitt wird später durchgeführt als bei den trockeneren Glatthaferwiesen, meist im Juli. Darauf folgt dann ein zweiter Schnitt im Herbst. Sehr feuchte nährstoffarme Moorwiesen, die traditionell nur zur Einstreu genutzt wurden, werden nur einmal im Herbst gemäht.

Kein Trinkwasser für den Rasen
Wenn wir sorgsam mit unseren Ressourcen umgehen, benutzen wir nur in Ausnahmefällen Trinkwasser zum Bewässern unseres Gartens. Natürlich möchten wir Tomaten- und Salatpflanzen, die wir mit viel Mühe angezogen haben, auch beernten. Wenn dann die Regenwasservorräte aufgebraucht sind, dann werden wir die eine oder andere Gießkanne Trinkwasser im Nutzgarten ausbringen müssen. Alle unsere heimischen Pflanzenarten, die in der freien Natur auf frischen bis trockenen Böden wachsen, kommen dagegen mit Dürreperioden gut zurecht. Das Vertrocknen der oberirdischen Teile ist eine Möglichkeit, Trockenzeiten gut zu überstehen. Wenn es dann wieder regnet, treiben die Pflanzen innerhalb kürzester Zeit erneut aus. Dies gilt selbst für konventionellen Spielrasen.

Trinkwasser wird mit viel Aufwand in Lebensmittelqualität, also annähernd schadstofffrei produziert. Es in großen Mengen wegzuschütten, um dem Rasen seine grüne Farbe zu erhalten, ist Ressourcenverschwendung.

Konventionelle Rasen biologisch pflegen

Konventionelle Spielrasen bieten nicht so viele Blüten und Lebensräume für Tiere wie Blumenrasen und Blumenwiesen, aber sie können lebensfreundlich gepflegt werden.

Ein konventioneller Rasen muss wegen der relativ raschwüchsigen Grasarten, die darin wachsen, entsprechend häufig gemäht werden.

Dadurch kommt es langfristig zu einer Humusverarmung in der obersten Bodenschicht. Dies führt nicht nur zur Aushagerung, sondern auch, in Verbindung mit der Trittbelastung, zu einer Verschlechterung der Bodenstruktur. Bodenporen gehen verloren, die obere Bodenschicht wird verdichtet und enthält nur noch wenig Bodenluft. Die Atmung der Pflanzenwurzeln wird genauso behindert wie das Eindringen des Regenwassers in den Boden. In Regenperioden bleibt das Wasser auf der Fläche länger stehen und fließt seitlich ab, gleichzeitig kann der Boden weniger Wasser für Trockenperioden speichern. Auf solchen Böden gedeiht dann Moos besonders gut.

Wenn wir einen konventionellen Rasen umweltschonend pflegen wollen, dann gilt es, dieser Humusverarmung entgegenzuwirken. Am einfachsten ist es, den Rasenschnitt auf der Fläche liegen zu lassen. Er trocknet dort und dient dem Bodenleben, insbesondere den Regenwürmern, als Nahrung. Dies ist ja das Prinzip der biologischen Düngung: Wir ernähren nicht die Pflanzen, sondern das Bodenleben. Wenn wir den Rasenschnitt liegenlassen, dann geben wir dem Boden das zurück, was wir den Pflanzen genommen haben. Die Bodenorganismen werden daraus Humus bilden, der dann die Pflanzen wieder ernährt, der Stoffkreislauf ist wieder geschlossen. Regenwürmer schaffen wieder Grobporen, in denen das Wasser in den Boden eindringen kann, viel effektiver als jeder Vertikutierer und Aerifizierer.

Es gibt spezielle Mulchmäher, die das Schnittgut extraklein häckseln, zum Beispiel, indem die rotierenden Messer als Doppelmesser ausgebildet sind. Allerdings werden damit dann auch die Tiere, die vom Mäher erfasst worden sind, besonders gründlich klein gehäckselt. Aber selbst der etwas lang geratene Rasenschnitt eines Handspindelmähers, weil mal wieder keine Zeit zum Mähen da war, ist nach einigen Tagen verschwunden. Der einzige Unterschied zum Mulchmäher ist ästhetischer Natur: Die trocknenden Grashalme sind noch einige Tage zu sehen – und einige werden auch ins Haus getragen werden, wenn man nicht die Schuhe gründlich reinigt oder wechselt.

Je länger ein Rasen organisch gepflegt ist, je länger der Boden durch ein aktives Bodenleben gekennzeichnet ist, desto schneller wird Rasenschnitt aufgenommen und zu Humus verarbeitet.

Düngen ade
Wiesen und Rasen sind dann besonders arten- und blütenreich,
wenn sie auf nährstoffarmem Boden wachsen. Nährstoffe fördern
das Wachstum konkurrenzstarker Grasarten, die dann die eher
konkurrenzschwächeren Kräuter verdrängen. Im naturnahen Garten können wir also auf Düngung der Rasen und Wiesen leichten
Herzens verzichten.

Bei der Umstellung auf die biologische Rasenpflege sollten wir dem
Rasen eine organische Kur gönnen: Zunächst untersuchen wir den
Boden und finden heraus, ob der pH-Wert im richtigen Bereich
(schwach sauer, 5,5 – 6,5) liegt und wie es um die Struktur des Bodens
bestellt ist. Wenn der Boden wenig Sand enthält, können wir die Tragfähigkeit des Bodens durch Einarbeiten von Sand verbessern.

Danach wird der Rasen kurz geschnitten und anschließend die ver-
filzte obere Schicht der Rasennarbe mit einem Vertikutierer aufgerissen
und entfernt. Dazu wird die Fläche zweimal bearbeitet, einmal in Längs-
und einmal in Querrichtung. Wenn wir Sand einarbeiten wollen, weil
Bodenverdichtungen oder Staunässe vorhanden sind, dann werden mit
einem Aerifizierer Löcher in die Grasnarbe gestanzt. Nun kann der Sand
aufgebracht werden und dringt auch in tiefere Bodenschichten ein. Es
ist immer wieder erstaunlich, wie viel Sand Lehmböden schlucken können. 3 – 5 Liter Sand pro Quadratmeter können wir durch mehrfaches
Einharken in den Boden einbringen. Die Bodenorganismen übernehmen später die gleichmäßige Verteilung des Sandes für uns.

Sind jetzt große Lücken in der Grasnarbe zu erkennen, kann nach-
gesät werden.

Jetzt streuen wir reifen und gesiebten Kompost auf die Fläche. Dies
impft den Boden mit Kleinlebewesen und bringt in der nun besser
durchlüfteten Narbe das Bodenleben wieder in Schwung. Am besten
ist es nun, wenn ein Frühjahrsregen Sand und Kompost in den Boden
spült.

Bis der Rasen den Kompost geschluckt hat, sollten wir die Fläche
nicht betreten. Es ist also besonders praktisch, wenn wir die Rasenkur

Beim Aerifizieren werden mit einer Aerifiziergabel mit hohlen Zinken in regelmäßigen Abständen Löcher in den Rasen gestanzt und der Rasen so gelüftet.

durchführen, bevor wir für einige Tage verreisen. Eine trockene Periode im Sommer eignet sich allerdings nicht für eine solche Umstellung. Dann leben die Bodenlebewesen nämlich auf Sparflamme und können nicht so richtig in Schwung kommen.

Wenn wir nicht über genügend Kompost verfügen, können wir auch auf organisch-biologische Rasendünger zurückgreifen. Auch sie ernähren das Bodenleben.

Die Rasenkur
- Boden auf pH-Wert und Bodenstruktur untersuchen.
- Fläche vertikutieren (zweimal, kreuzweise).
- Fläche aerifizieren (Vertikutierer und Aerifizierer können im Fachhandel gemietet werden, eine Anschaffung ist für Privatgärten nicht sinnvoll.)
- 3 – 5 Liter Sand aufbringen, mehrfach einharken.
- Mit Kompost oder organischem Rasendünger düngen.

Nichts als Moos?
Rasenprobleme naturnah lösen

Im naturnahen Garten streben wir auch auf Spielrasenflächen einen möglichst artenreichen Bestand an, deshalb gibt es viele Probleme nicht, die auf »Teppichrasen« die Gartenbesitzer plagen. Pilzerkrankungen wie Schneeschimmel, Typhyla-Fäule, Rotspitzigkeit, Blattfleckenkrankheiten, Rostpilze, Mehltau, Schwarzbeinigkeit und Dollarfleck befallen meist nur Grasarten. Wenn in Blumenrasen oder Blumenwiesen einige Graspflanzen befallen sind, wird ihr Platz von Kräutern eingenommen. Dies gehört zur natürlichen Dynamik naturnaher Flächen dazu. Was im konventionellen Garten ein großes Problem ist, fällt im naturnahen Garten nicht ins Gewicht.

Das Problem »Krankheit« entsteht im konventionellen Garten dadurch, dass nur wenige Arten auf einer Fläche zugelassen werden. Sollten aber doch einmal Pilzerkrankungen zu Schadbildern führen, können biologische Pflanzenstärkungsmittel, zum Beispiel auf Pechnelkenbasis, die Pflanzen gegen Pilzerkrankungen wappnen.

Auch tierische Bewohner von Blumenrasen und Blumenwiesen, die im konventionellen Garten als Schädlinge bezeichnet werden, sind im Naturgarten willkommen. Dazu gehören Maikäfer, Junikäfer, Gartenlaubkäfer und andere Käfer, die Raupen von Nachtfaltern (»Erdraupen«) und natürlich die Regenwürmer.

Aber auch Rasenameisen werden vom Naturgärtner begrüßt. Sie sind Teil des Ökosystems und es ist interessant, sie zu beobachten. Grünspechte fressen gerne Rasenameisen. Deshalb können wir diese großen und ausgesprochen schönen Vögel auf extensiv gepflegten Rasenflächen öfters beobachten.

Sollten sich Ameisenvölker einmal dort ansiedeln, wo sie stören, dann können sie leicht umgesiedelt werden: Wir stülpen einen großen leeren Tonblumentopf über den Bereich. Bald füllen die Ameisen den Blumentopf mit ihrem Bau. Nun kann ein Blech oder ein dünnes Brett unter den Blumentopf geschoben werden und der ganze Bau wird an eine Stelle im Garten umgesiedelt, wo er nicht stört.

Spontanbesiedler tolerieren und fördern

Im naturnahen Garten sind Zuwanderer, auch in einer Spielrasenfläche, willkommen. Jede Pflanzenart bringt im Schnitt zehn Tierarten mit und bietet ihnen Nahrung und Lebensraum. Deshalb begrüßen Naturliebhaber jede neue Pflanzenart, es sei denn, sie ist sehr konkurrenzstark und verdrängt erwünschte Pflanzen oder verändert die erwünschten Eigenschaften einer Gartenfläche. Was ein Unkraut ist, ist immer Ansichtssache. Grundsätzlich ist dies eine Pflanze, die an einer bestimmten Stelle nicht erwünscht ist. Auch im Naturgarten gibt es solche unerwünschten Beikräuter. Das kann zum Beispiel die Eiche sein, die sich mitten im Wildstaudenbeet ausgesät hat oder der gelbe Hornklee, der in unser weißblaues Duftpflanzenbeet eingewandert ist. In Rasenflächen gibt es in der Regel kein Farbkonzept und Gehölzsämlinge werden mit der regelmäßigen Mahd in Schach gehalten. Es gibt deshalb nur wenige spontane Zuwanderer, die wir vielleicht zum Unkraut erklären werden.

Manche Naturgärtner mögen keinen Löwenzahn. Nun ist der Löwenzahn eigentlich eine wunderschöne und auch bei Insekten ausgesprochen beliebte Pflanze. Aber er ist eine Allerweltspflanze, macht vielleicht schlechte Stimmung bei den Nachbarn und samt sich auch in Wildstaudenbeeten aus, was manchmal nicht ins Konzept passt. Dort, wo er stört, wird er mit der Wurzel ausgestochen.

Hin und wieder tauchen Hutpilze in Rasenflächen auf und mit ihnen die Frage, ob sie vielleicht schädlich sein könnten. Dem Rasen schaden diese »höheren Pilze« in der Regel nicht. Weil Pilze organische Masse besonders gut abbauen können, kommt es im Bereich des Pilzmycels, das ist das in der Erde lebende Pilzgeflecht, manchmal zu einer Mobilisierung von Stickstoff. Dies führt zu einem besseren Wachstum und einer dunkleren Farbe der darüber wachsenden Pflanzen. Weil sich Pilze nach allen Seiten gleichmäßig ausbreiten, sind diese dunkelgrünen Zonen oft ringförmig, sie werden »Hexenringe« genannt. Manchmal findet man auch ringförmige Ansammlungen von Pilzfruchtkörpern. Im konventionellen Garten werden Hexenringe als ästhetisches Problem gewertet. Im Naturgarten werden wir dieses Naturphänomen, das die Funktionsfähigkeit der Fläche ja nicht beeinträchtigt, mit Interesse beobachten. Wenn die Pilzfruchtkörper bei der Nutzung als Spielfläche kurzfristig stören, können wir sie abmähen und durch Harken entfernen.

Manchmal siedeln sich sogar essbare Pilze wie der Champignon spontan im Garten an, vor allem, wenn die Fläche früher als Viehweide genutzt wurde. (Im eigenen Garten gefundene Pilze nur in der Küche verwenden, wenn ein erfahrener Pilzsammler sich sicher ist, dass die Pilze essbar sind!) Pilze haben kein Blattgrün, sie können nicht wie Pflanzen von Licht, Luft und Wasser leben. In der Regel ernähren sie sich von organischer Substanz wie totem Holz oder Pflanzenwurzeln. Wenn wir viele Hutpilze in unserem Garten finden, dann sind wahrscheinlich noch die Wurzeln eines gefällten Baumes in der Erde. Sie werden von den Pilzen abgebaut. Wenn wir allerdings den Hallimasch bei uns im Garten finden, dann können wir zwar die eine oder andere Pilzmahlzeit im Garten ernten, sollten aber gut auf unsere Bäume achten. Der Hallimasch besiedelt auch lebendes, gesundes Holz und kann sogar Bäume zum Absterben bringen. Bekämpft werden kann dieser Pilz nicht, da er jedoch hauptsächlich geschwächte Individuen befällt, ist es ratsam, die Vitalität der vorhandenen Bäume zu fördern, Verletzungen der Wurzeln und Bodenverdichtungen zu vermeiden.

Hutpilze im Rasen sind harmlos.
Nur der Hallimasch kann Bäumen gefährlich werden.

Eine Charakterpflanze der Weiden kann problematisch werden: der Weißklee *(Trifolium repens)*. Er überwächst schnell große Flächen und ist zur Blütezeit eine gute, stark beflogene Bienenweide. Erstaunlicherweise bestanden viele Samenmischungen für »englischen Rasen« noch zu Beginn des 20. Jahrhunderts aus Grassamen und Weißklee. Auch heute werden wieder Samenmischungen und Rollrasen mit Weißklee angeboten, allerdings handelt es sich dabei um eine Zwergform, den sogenannten »Mikroklee«.

Immerhin brauchen solche Rasen mit Miniklee keine Mineraldünger, weil sie von der Düngewirkung des Klees profitieren, und sind auch im Winter und in Trockenzeiten zuverlässig grün. Dadurch animieren sie weniger zum wasserverschwendenden Wässern im Sommer. Mit einem artenreichen Blumenrasen, der ein Vielfaches an Lebensraum und Naturerlebnis bietet, hat das natürlich nichts zu tun.

Weißklee ist eine typische Pflanze der intensiv genutzten Weiden und verträgt Schnitt außerordentlich gut. Sein feines Blattwerk wurde lange Zeit in England in Zierrasenflächen nicht als störend empfunden, im Gegensatz zu den nur unwesentlich größeren Blättern der Gänseblümchen oder den großblättrigen Arten des Wegerichs. Weißklee lebt mit Wurzelknöllchenbakterien zusammen, die Luftstickstoff binden können und damit den Boden düngen. So werden wiederum die stickstoffliebenden Gräser gefördert. Das macht ihn aber in Blumenrasen und Magerrasen, die ja dann besonders blütenreich sind, wenn der Boden nährstoffarm bleibt, durchaus zu einer Problempflanze.

Weißklee tritt besonders häufig auf, wenn die Flächen vorher landwirtschaftlich genutzt waren. Wenn wir ihn meiden wollen, sollten wir mit sterilen Vegetationstragschichten arbeiten und erste Zuwanderer herauszuziehen, bevor sich die oberirdischen Ausläufer der Pflanzen bewurzelt haben.

Durch Mähen wird Weißklee gefördert. Wenn wir also eine Fläche haben, wo das Jäten nicht (mehr) zu schaffen ist, dann können wir sie auch einige Jahre wie eine Wiese pflegen und den Weißklee so zurückdrängen.

Veränderung der Artenzusammensetzung verstehen und steuern

Während Weißklee den Artenreichtum einer mageren Fläche einschränkt, also die angestrebte Biotopfunktion behindert, ist dies bei allen anderen spontanen Besiedlern nicht der Fall. Ein Blumenrasen erfüllt seine ökologische Funktion genauso, wenn darin Löwenzahn und Wegerich wachsen, er kann auch genauso zum Spielen oder als Liegewiese genutzt werden. Bevor wir also eine Pflanzenart zum Unkraut erklären und uns damit ein arbeitsreiches Jäteprogramm schaffen, sollten wir überlegen, ob wir sie nicht dulden wollen.

Auch das Verschwinden von manchen Pflanzenarten, die direkt nach der Anlage des Blumenrasens oder der Blumenwiese dort wuchsen, ist unvermeidlich. Samenmischungen enthalten eine Vielzahl an Arten. Der Standort beeinflusst dann bei dieser Mischung die Verbreitung der Arten, die bei dem vorhandenen Boden und bei den gegebenen klimatischen Bedingungen und der spezifischen Nutzung am besten gedeihen. Einige Arten keimen zwar und bilden auch Rosetten, sind aber dann doch zu konkurrenzschwach. Ihr Platz wird von den Arten eingenommen, die an diesem Ort ideale Bedingungen vorfinden.

Wer die eine oder andere Pflanzenart nicht mag, sei es nun Löwenzahn oder Gundermann, kann sie durch Jäten reduzieren. Auch das wird dem Blumenrasen nicht schaden.

Moos bekämpfen oder willkommen heißen?

Wenn sich die Rasenfläche bei Regen und im nassen Winter in eine Pfützenlandschaft verwandelt, dann leiden die Wurzeln der Rasengräser unter den sauerstoffarmen Bedingungen im Boden. Stattdessen wächst das Moos umso besser. Manchmal könnte man meinen, der Weg zur

Moorbildung sei eröffnet. Moose haben keine Wurzeln und gedeihen auf vielen natürlichen und etlichen künstlichen Oberflächen, selbst auf Dachpfannen. Nur sind sie konkurrenzschwach und werden leicht von anderen Pflanzen verdrängt. Wenn die Rasengräser aber aus Mangel an Licht kränkeln oder auf verdichteten, staunassen Böden nicht gedeihen können, ist die Chance der Moose gekommen.

Kaum jemand mag Moos, aber warum eigentlich? Es ist, vor allem in der dunklen Jahreszeit zuverlässig grün, es muss nicht geschnitten werden, es bildet einen regelmäßigen, grünen Teppich. So schrieb zum Beispiel der zu seiner Zeit viel gelesene viktorianische Gartenautor James Shirley Hibberd (1825 – 1890): »… ein gewisser Anteil an Moos ist absolut essentiell für die vollständige Schönheit des Rasens.«

Moosbeete sind in Europa nahezu unbekannt. In Japan dagegen wird die gleichmäßig grüne, ruhige und reine Ausstrahlung der Moose sehr geschätzt. So sind Moosflächen ein beliebter Bestandteil von Zengärten. Eine Lösungsmöglichkeit für das Problem der vermoosten Rasenflächen, insbesondere an der Nordseite des Hauses, ist also, nicht gegen die Natur anzukämpfen, sondern die Zuwanderer willkommen zu heißen, statt des Mooses die kümmernden Gräser zu jäten und einen Moosgarten anzulegen (siehe Seite 148).

Moosarme Rasenflächen

Andererseits sind Moosflächen kaum belastbar, ein Spielrasen braucht deshalb einen tragfähigen Untergrund und gute Wachstumsbedingungen für das Gras.

Auf Spielrasenflächen zeigt Moos an, dass hier die Tragfähigkeit und der Wasserabzug verbessert werden sollten. Denn Moose gedeihen ja gerne auf dichten Böden, die sich von Zeit zu Zeit in einen Sumpf verwandeln.

Wenn Moos zurückgedrängt werden soll, dann können wir die auf Seite 57 beschriebene Bodenuntersuchung machen, um herauszufinden, ob der Boden vielleicht zu wenig Sand enthält. Auch ist es sinnvoll, nachzuprüfen, ob im Untergrund dichte Bodenschichten vorhanden sind. Dies machen wir am besten, indem wir einige schmale Gruben in den Boden graben. Die dichten Schichten erkennen wir daran, dass ab einer gewissen Bodentiefe das Graben sehr schwerfällt. Am besten füllen wir dann die Grube mit Wasser und schauen, wie schnell es abläuft. Wenn es einige Stunden darin stehen bleibt, dann ist der Untergrund staunass. Auf solchen Flächen wird ein dichter Spielrasen nur gedeihen, wenn eine Drainage überschüssiges Wasser abführt (siehe Seite 81).

Moose sind genügsame Pflanzen, sie sind auf nährstoffarmen, verdichteten Flächen konkurrenzstärker als Rasengräser. Kompostdüngungen stärken deshalb das Graswachstum und fördern gleichzeitig den Wasserabzug, da die vom Kompost ernährten Bodenlebewesen neue Bodenporen schaffen. Wenn wir also Moose zurückdrängen wollen, dann hilft die bereits beschriebene »Rasenkur« (siehe Seite 131) am besten.

Was Moos übrigens nicht schädigt, ist Kalk. Es gibt sogar mehr Moosarten, die auf kalkhaltigen Böden wachsen, als solche, die sauren Boden lieben. In Hochmooren herrschen saure Bodenbedingungen, weil der Wasserhaushalt der Hochmoore vom Untergrund abgekoppelt ist und sich nur aus dem mineralarmen Regen speist. Dazu scheiden die Moospflanzen bei der Nährstoffaufnahme noch Säure (Protonen) aus und schaffen so das saure Milieu, in dem sie selbst so gut wachsen. Aber das gilt eben nur für die Torfmoose (*Sphagnum*, weltweit 200 Arten von insgesamt 16 000 Moosarten).

Manchmal finden wir im Untergrund durchlässigen sandigen oder kiesigen Boden und trotzdem zeigt der Rasen an der Oberfläche alle Anzeichen einer Staunässe: Nach einem Regen bleibt das Wasser lange stehen, der Boden ist dicht, verschlämmt, Bodenporen sind kaum vorhanden, im Winter gedeiht das Moos. Wie kann das sein?

Es gibt tatsächlich Staunässe auf durchlässigen Böden, und zwar dann, wenn bei der Anlage des Gartens, zur vermeintlichen Verbesserung der Böden, bindiger Lehmboden (»Mutterboden«) auf einen stark durchlässigen Untergrund nur aufgebracht, aber nicht gut eingearbeitet wurde. Es gibt dann keine kapillare Verbindung vom durchlässigen Untergrund, in dem die Bodenporen einen großen Durchmesser haben, zum aufgebrachten Oberboden, in dem es nur Bodenporen mit sehr kleinen Durchmessern gibt. Das ist dann so, als ob ein mit Wasser gefüllter Schwamm auf einem Sieb liegt, ein bisschen Wasser tropft heraus, aber der Schwamm bleibt mit Wasser gefüllt. Ein solcher Boden kann das Wasser nur durch Verdunstung in die Luft loswerden. Wenn er dann aber einmal das gesamte Bodenwasser verloren hat, also ausgetrocknet ist, dann wird durch den Kapillarbruch auch der Transport von Grundwasser an die Oberfläche behindert. Solche Böden trocknen im Sommer total aus, sodass sich das typische fünfeckige Bodenrissmuster zeigt, das wir aus Wüstengebieten kennen.

Auf solchen Flächen muss der Kapillarbruch durch gründliches und tiefgründiges Vermischen der beiden Bodenarten behoben werden. Nur eine größere Umgrabeaktion – am besten mit professioneller Hilfe und dem Einsatz eines Baggers, der die beiden Schichten vermischt – kann diese ungünstige Situation beheben.

Naturgärtner werden allerdings versuchen, den nährstoffreichen Lehmboden zu entsorgen, und den ursprünglich vorhandenen Sand- oder Kiesboden zu begrünen. Auf solchen mineralischen Substraten lassen sich ja viel interessantere Wildpflanzengemeinschaften etablieren als auf nährstoffreichen »Mutterböden«.

Ungebetene Wühler: Maulwürfe und Wühlmäuse

Auch im Naturgarten können manche Mitbewohner sehr lästig werden. Das sind vor allem solche, die anfangen, unseren Garten »umzugestalten«, und dafür sorgen, dass eine Fläche die ihr zugedachte Funktion nicht mehr erfüllen kann: Maulwürfe und Wühlmäuse machen auf Blumenrasenflächen die Fußballpartie oder das Federballspiel schwierig.

Maulwürfe stehen unter Naturschutz, sie dürfen nicht geschädigt werden. Der Naturfreund wird aber auch Wühlmäuse nicht töten wollen. Lebendfallen sind eine scheinbar sanfte Möglichkeit, ungeliebte Bewohner umzusiedeln. Allerdings bedeutet solch eine Lebendfalle erheblichen Stress für das Opfer, und wenn Tiere lange Zeit in der Falle auf ihre Befreiung warten müssen, sterben sie einen qualvollen Tod, bevor sie für den Transport herausgenommen werden. Hat das Tier die Zeit bis zum Auffinden überlebt, dann bedeuten Transport und Aussetzen in fremden Revieren weiteren Stress und führen dazu, dass diese Tiere wohl zumeist zum Futter eines Beutegreifers werden. Wer Lebendfallen aufstellt, sollte deshalb dafür sorgen, dass die gefangenen Tiere nicht unnötig gequält werden und die Fallen regelmäßig kontrollieren.

Viele der angebotenen Wundermittel wie Erzeuger von Tönen und Vibrationen haben noch keinen objektiven Wirkungsnachweis erbringen können.

Was bleibt, ist die Vergrämumg der Tiere. Mit speziellen Duftstoffen präparierte Kügelchen oder Steinchen werden dazu in die Erde oder in die Gänge gelegt. Das hat sich bewährt und ist für kleinere Flächen auch finanzierbar. Die Mittel haben nur eine beschränkte Wirkungsdauer und müssen nach einigen Wochen wieder ausgebracht werden.

Im naturnahen Garten nicht vertretbar ist die Verwendung von Carbid, das ebenfalls als Vergrämungsmittel für Mäuse und Maulwürfe angeboten wird. Wenn dieser Stoff mit Wasser in Berührung kommt, entsteht das hochentzündliche Acetylengas. Der typische knoblauchartige Carbidgeruch stammt allerdings von Verunreinigungen, Phosphin und Arsin, die beide zu den giftigsten Gasen überhaupt gehören.

Gut bewährt hat sich die Förderung von Feinden der Wühlmäuse, auf größeren Flächen z. B. durch das Aufstellen von Sitzstangen für Greifvögel. Übrigens ziehen Wühlmäuse auch aus dem Garten aus, wenn sie regelmäßig von Hunden gestört werden. Früher wurden bestimmte Hunderassen (»Rattler«) gehalten, um auf den Höfen Mäuse und Ratten kurz zu halten. Dazu gehören kleine Terrier-,

Schnauzer- und Pinscherrassen. Weil die Hunde hinter den Mäusen her graben, ist das sogar effektiver als die Haltung von Katzen. Wenn nach der ersten Chaosphase dann der Garten weiterhin nach Hund riecht, meiden die Mäuse dauerhaft dieses Revier, was bei allen anderen Vergrämungsmethoden nicht der Fall ist.

Kahle Stellen vorm Fußballtor und unter der Schaukel

Keine Pflanze hält es aus, wenn Wurzeln und Blätter häufig und mit großen Scherkräften gequetscht oder durch einen tüchtigen »Antritt« aus dem Boden herausgelöst werden. Im Familiengarten finden sich solche Stellen unter der Schaukel, die ja von den meisten Kindern täglich genutzt wird, und vor dem Fußballtor. Wer sich an dieser Stelle einen dauerhaft grünen Teppich wünscht oder gar vom perfekten Stadionrasen träumt, sollte bedenken: In den Stadien der Fußballbundesliga werden die Rasenflächen aufwendig gepflegt und teilweise mehrfach im Jahr ausgewechselt; insbesondere die Flächen vor dem Tor werden regelmäßig mit neuem Rollrasen belegt.

Hier heißt es schlicht Abschied nehmen von der Fata Morgana des makellosen Sportrasens im eigenen Garten. Allerdings können wir die Regeneration der Rasennarbe fördern. Am besten sind dafür die Zeiten geeignet, in denen die Fläche nicht genutzt wird, beispielsweise bevor die Familie längere Zeit verreist, oder im Herbst, wenn Schaukeln und Fußball schon ins Haus geräumt sind. Dann können kahlen Stellen mit einer Rasenkur (siehe Seite 131) behandelt werden, wobei die Tiefenbelüftung und die Verbesserung der Tragfähigkeit besonders wichtig sind.

Kahle Stellen werden dann neu eingesät, für konventionellen Spielrasen bietet der Handel dazu Nachsaat- oder Reparaturmischungen an. Für Blumenrasen sind die konkurrenzstarken Zuchtgräser der Nachsaatmischungen weniger geeignet. Hier ist es besser, wenn wir die Fehlstellen mit Soden belegen, die wir am Rand der Rasenfläche abgestochen haben. Aber auch ohne Nachsaat oder Nachpflanzung wachsen die Kahlstellen zu, wenn sie nicht mehr belastet werden. Durch die Rasenkur, bei der die Bodenverdichtungen behoben werden, wird das Wachstum der Grasnarbe gefördert.

Es geht auch ohne: Alternativen zum Rasen

Wiesen und Weiden, die Vor-Bilder der Blumenwiesen und Rasen in unseren Gärten, sind Elemente der offenen oder halboffenen Landschaft. Da ist es verständlich, dass die Pflanzenarten der Rasen und Wiesen lichtbedürftige Wesen sind. Schattige Flächen finden sich in der Natur unter Bäumen und Gehölzen, Gräser und blütenreiche Wildpflanzen finden sich spärlich – dort gibt es keine Rasengesellschaften – und so wird Rasen auch nicht auf der Nordseite eines Hauses gedeihen.

Es ist besser, im Schatten auf Rasen zu verzichten. Aber was tun, wenn wir im Schlagschatten des Hauses oder unter dichten Bäumen einen weit wirkenden, ebenen und vielleicht auch noch möglichst begehbaren »Boden« für unseren Gartenraum gestalten wollen? Wir erreichen diese Funktion, die normalerweise durch Anlegen einer Rasenfläche erreicht wird, auch mit anderen Mitteln.

Alternativen zu Rasenflächen werden aber auch für die sonnigen oder halbschattigen Bereiche des Gartens interessant, wenn wir nicht mehr mähen wollen oder sich die Lebensumstände verändert haben und der Garten daran angepasst werden soll.

Offene Böden

Ruhige Flächen können im Garten auch durch einfache Wegeoberflächen oder Materialschüttungen entstehen. So entstehen ruhige Blickpunkte, die wie ebene »Trockenseen« wirken, zwischen höheren Staudensäumen, Wiesen und Gehölzen. In der ursprünglichen mitteleuropäischen Naturlandschaft gab es solche unbegrünten Stellen dort, wo unter Bäumen und Sträuchern das Licht und, wegen der Wurzelkonkurrenz, auch die Nährstoff- und Wasserversorgung für Kräuter nicht ausreichte, oder dort, wo in offenen Bereichen Staubbadestellen von Wildpferden und anderen Weidetieren den Boden öffneten. Auch Überschwemmungen und andere Naturereignisse brachten immer wieder Dynamik in die Landschaft und damit offene Bodenstellen. Es ist ja gerade die Dynamik der immer wiederkehrenden kleinen und großen

»Katastrophen«, die den hohen Artenreichtum der mitteleuropäischen Naturlandschaft begründete. In bewaldeten Bereichen gibt es daher Flächen, die nur mit Laub und anderen toten Gehölzresten bedeckt sind, und in den offenen Bereichen finden wir offene Sand- und Kiesflächen. Dass solche unbewachsenen Flächen schon seit Langem in unserer Landschaft vorkommen, sehen wir auch daran, wie viele Tiere auf offene Sand-, Kies- oder Schotterflächen angewiesen sind und wie viele Lebewesen in und von Laubdecken und Totholz leben. Unbewachsene offene Flächen sind also nicht nur gestalterisch, sondern auch ökologisch eine Alternative zu Rasenflächen.

Trockenseen

Weil Sand- und Kiesflächen in der freien Landschaft zumeist in gehölzarmen Bereichen vorkommen, sollten solche Flächen aus ökologischen Gründen eher in vollsonnigen Bereichen des Gartens angelegt werden. Die meisten Tiere, die offene Bodenstellen besiedeln, brauchen ein trocken-warmes Kleinklima. Aber auch die Ästhetik spricht dafür, nährstoffarme offene Bodenstellen in der Sonne anzulegen: Schattige Bereiche des Gartens sind kühler, feuchter, oft fällt Laub darauf. Sie begrünen sich deshalb schnell und der offene Boden wird wieder von einer Vegetationsdecke bedeckt. Algen und Moose machen den Anfang, bald folgen dann die ersten höheren Pflanzen.

Aber auch in der Sonne setzt irgendwann die Besiedlung mit Pflanzen ein. Soll der »Trockensee« also länger offen bleiben, so müssen wir durch die Art des Aufbaus der Flächen diese Sukzession behindern oder durch Pflege den Bewuchs immer wieder stören und entfernen.

Die Besiedlung wird dann behindert, wenn das Material keine feinen Anteile enthält. So wird sich eine Teilfläche mit Splitt in der Körnung 4/8 in einer Schotterrasenfläche nur sehr langsam begrünen. Wenn die Fläche dann auch noch regelmäßig geharkt wird, dauert es noch länger. Vielleicht ist es aber auch viel zu spannend, die langsame und deshalb besser zu beobachtende Sukzession zu beobachten?

Eine offene Splitt- oder Sandfläche als »Trockensee«
zwischen bunt blühenden Wildstauden

Dann lassen wir die Fläche eine Zeitlang so, wie sie ist, und beobachten, welche Pflanzen und Tiere sich hier ansiedeln.

Leider freut sich oft Nachbars (oder die eigene) Katze über die neue Toilette, wenn wir eine offene Sandfläche anlegen. Hier hilft es, unter der Sandoberfläche Kaninchendraht zu vergraben. Das stört die Katzen beim Scharren, ohne der Einladung an die »wilden Tiere« wie Bienenwölfe, Ameisenlöwen, Laufkäfer und Sandbienen Abbruch zu tun. Sollten wir allerdings das Glück haben, dass Eidechsen in unseren Garten einziehen, die ja auch sandige, offene Bodenstellen für die Eiablage nutzen, dann sollten die Katzen mit anderen Mitteln aus dem gesamten Garten ferngehalten werden. Katzen sind in der Lage, eine Eidechsenpopulation innerhalb von kürzester Zeit zum Erlöschen zu bringen, weil sie leicht und gerne die von der nächtlichen Kälte noch sehr langsamen Tiere in der Morgenkühle erbeuten.

Bereiche mit mineralischen Substraten sollten eine ausreichende Tiefe haben, damit die Trockenseen nicht in kürzester Zeit durch die

Tätigkeit der Bodenlebewesen mit dem Untergrund vermischt werden: 30 Zentimeter sollte die Schichtdicke schon betragen. Ein Unterbau aus einer verdichteten Schotterschicht, wie er auch bei der Anlage von Wegen eingebaut wird, kann in Gebieten mit frischen oder feuchten Böden dafür sorgen, dass die Substrate bei schlechtem Wetter schnell abtrocknen und sich deshalb langsamer begrünen.

Holz und Rinde

In schattigen Bereichen bieten sich Holzhäcksel, Rindenmulch oder Laubdecken als Alternativen zum Rasen an. Wenn wir diese Flächen auch zum Sitzen oder Spielen nutzen wollen, dann sollten wir sie wie einen Weg aufbauen: Eine Tragschicht aus verdichtetem Schotter, zum Beispiel in der Körnung 0/32, wird auf einem ebenen Planum mit mindestens zwei Prozent Gefälle eingebaut. Darauf werden mindestens 15 Zentimeter Holzhäcksel oder Rindenmulch aufgebracht und leicht verdichtet. Es gibt auch speziell verarbeitete Holzhäcksel, die aufgefasert sind und sich dann zu einer Matte verbinden, sodass Kinder auf diesen Flächen sogar mit Fahrrädchen oder Dreirädern fahren können (Bezugsquelle siehe Seite 175).

Ohne Unterbau verarbeiten die Bodenbewohner organische Auflagen zu Kompost und die Holzhäcksel werden in wenigen Jahren wieder verschwunden sein. In einigen Bereichen, zum Beispiel unter Bäumen, kann dies durchaus erwünscht sein.

Bodendecker statt Rasen

Wenn der Rasen nicht wachsen mag und wir die Fläche nicht oder kaum betreten wollen, ist es sinnvoller, eine Pflanzfläche mit Bodendeckern anzulegen. Zusammen mit einigen Biotop-Elementen wie Baumstämmen, Steinen oder einem schönen Gartenkunstwerk kann auch ohne Rasen eine weit wirkende und doch spannende Fläche gestaltet werden. Wenn ein ruhiger und flächiger Gesamteindruck erwünscht ist, sollten nur wenige Arten verwendet werden. Die Bodendecker sind dann am besten feinblättrig und vor allem wintergrün. Eine Laubdecke im Winter ist zwar, wie oben geschildert, auch eine Möglichkeit, Flächen im Schatten ruhig zu gestalten, aber im Herbst, wenn die Pflanzen einziehen, und im Frühjahr, wenn die Pflanzen austreiben, würden Beete mit sommergrünen Bodendeckern doch sehr unruhig wirken. Zuwandernde Arten sind auf solchen Flächen unerwünscht, deshalb sollten die gewählten Arten auch konkurrenzstark sein. Das feinblättrige Pfennigkraut erfüllt beispielsweise diese Voraussetzungen und bedeckt den Boden im Frühjahr mit einem gelben Blütenteppich.

Solche Bodendeckerflächen im Schatten können auch mit immergrünen Waldgräsern wie der Schneemarbel gestaltet werden.

Niedrige, feinblättrige Bodendecker für schattige Flächen als Alternative zum Rasen

Deutscher Name / *Botanischer Name*	Wuchshöhe (in cm)	Blütenfarbe	März	April	Mai	Juni	Juli	Aug.	Sept.	Okt.	Nov.
Frühlingshainsimse / *Luzula pilosa*	30	bräunlich	❀	❀							
Duftveilchen / *Viola odorata*	10	violett	❀	❀						❀	❀
Vogelfußsegge / *Carex ornithopoda*	20	bräunlich		❀	❀						
Schattensegge / *Carex umbrosa*	20	braun		❀	❀	❀					
Goldhahnenfuß / *Ranunculus auricomus*	50	gelb		❀	❀	❀					
Flattergras / *Milium effusum*	40	gelblich			❀	❀					
Pfennigkraut / *Lysimachia nummularia*	5	gelb			❀	❀	❀				
Winkelsegge / *Carex remota*	50	grünlich			❀	❀	❀				
Schneemarbel / *Luzula nivea*	40	weiß				❀	❀				
Weiße Hainsimse / *Luzula luzuloides*	50	grünlich				❀	❀				
Rasenschmiele / *Deschampsia cespitosa*	50	grünlich				❀	❀	❀			
Nordisches Labkraut / *Galium boreale*	50	weiß					❀	❀			

❀ = Blütezeit   (vollständige Liste aller lieferbaren und geeigneten Arten siehe Anhang ab Seite 156)

Der Moosgarten

Moose haben viele Vorteile, sie brauchen nicht geschnitten zu werden, sie sind trockenheitsresistent, obwohl wir sie aus Mooren kennen, wo sie feucht sind wie ein Schwamm und große Mengen an Wasser speichern können. Sie verfallen in regenarmen Zeiten einfach in einen Trockenheitsschlaf. Feuchtigkeit nehmen sie ausschließlich über die Blätter auf, Moose können deshalb auf allen Oberflächen wachsen. Es gibt keine Tiere, die Moose fressen und als Schädlinge auffallen könnten, obwohl es sich bei einem Moosgarten um eine Monokultur oder die Kultur weniger Arten handelt. Die einzige Pflege, die ein Moosgarten braucht, ist die Entfernung unerwünschter Zuwanderer und das Entfernen des Herbstlaubs im Winter. Vögel stören manchmal die ruhige Ausstrahlung der Flächen, wenn sie Moos für ihre Nester sammeln oder nach Nahrung suchen. Besonders Amseln lieben es, »umzugraben«, was bei kleineren Flächen schon einmal stören kann.

Trotz der wenigen Fraßfeinde sind Moospolster ein spezieller Lebensraum, in dem vor allem viele Einzeller leben, die dann wiederum Grundlage von spezialisierten Nahrungsketten sind. Deshalb stehen auch viele Moosarten unter Naturschutz, nämlich alle Torfmoos- *(Sphagnum-),* Weißmoos- *(Leucobryum-)* und Hainmoosarten *(Hylocomiumarten),* soweit sie in der freien Natur vorkommen. Moose, die im besiedelten Raum wachsen, sind also nicht geschützt.

In Japan, wo Moose beliebte Pflanzen für die Gartengestaltung sind, kann man Moose in Schalen oder als Matte kaufen. Bei uns werden für Moosgärten leider meist Ersatzpflanzen wie das Bruchkraut *(Herniaria glabra)* angeboten. Für sonnige Standorte sind »Dachmoose« im Handel.

Obwohl Moose keine Wurzeln haben, man sie also nicht »pflanzen« kann, ist es doch möglich, sie in unserem Garten anzusiedeln. Am besten suchen oder schaffen wir dafür einen Bereich, wo andere Pflanzen nur schlecht wachsen. Das sind entweder befestigte Bereiche wie Felsen, Platten oder Dächer oder sehr schattige Flächen. Wenn dort genug Moos wächst, reicht es vielleicht, die wenigen kümmernden Gräser und Kräuter zu jäten.

Ist dies nicht der Fall, können wir gezielt Moose ansiedeln: Dazu entfernen wir den Oberboden und ersetzen ihn durch ein unkrautfreies,

Moosflächen im Garten können den Eindruck friedvoller
und dennoch lebendiger Ruhe ausstrahlen.

aber Feuchtigkeit speicherndes Substrat. Das kann eine Mischung aus
Sand und Unterboden sein oder auch ein Dachbegrünungssubstrat.
Nun sollte das Substrat gut gegossen werden, es darf ruhig auch ver-
schlämmen, die Moose haben ja keine Wurzeln, die in wassergefüllten
Bodenporen ersticken könnten. Am besten gewinnen wir nun im eigenen oder in benachbarten Gärten eine Moosart, die uns gefällt, und
zwar am besten an einem Standort, der den Bedingungen des Moos-
beetes entspricht. So können wir sicher sein, dass wir keine geschützten
Arten schädigen. Dieses Moos wird mit der Schere in 0,5 – 1 Zentimeter
große Stücke klein geschnitten, auf der Fläche ausgestreut, angedrückt
und noch einmal gut gegossen. In der nächsten Zeit wird die Fläche
immer wieder, möglichst mit Regenwasser, befeuchtet, damit die kleinen Moosstücke zu ganzen Pflanzen auswachsen. Weil Moose das Wasser über die Blätter aufnehmen, benutzen wir statt einer Gießkanne am
besten eine Sprühflasche. Man kann natürlich auch ganze Moospolster
auf die Fläche setzen, braucht dann aber mehr Ausgangsmaterial.

Wasserflächen

Die schönste Möglichkeit, auf einer Fläche, die nicht begangen werden soll, Weite zu erzeugen, ohne einen Rasen anzulegen, ist, dort eine Wasserfläche anzulegen. Wasserflächen holen den Himmel in den Garten, denn in ihnen spiegeln sich Sonnenlicht und Wolken. Ein Mehr an Weite ist fast nicht denkbar. Auch im Gebäudeschatten sind Wasserflächen eine gute Möglichkeit, den Eindruck von Weite selbst auf kleinstem Raum zu erzeugen. Im Schatten von Bäumen ist es dagegen nicht ratsam, einen Teich anzulegen. Wenn viele Blätter in den Teich gelangen, fördert das die Anreicherung mit Nährstoffen und damit Algenblüten. Man kann zwar im Herbst Blattfangnetze über den Teich spannen, womit der ruhige lichte Eindruck für diese Zeit aber vorbei wäre.

Aber an der sonst oft so schwierig anzulegenden Nordseite von Gebäuden können Teiche gut angelegt werden. Das Wasser erwärmt sich im Sommer nicht so stark, die Algenblüten werden begrenzt. An der Wasseroberfläche wird Licht reflektiert und die dunklen Nord- oder Ostzimmer werden dadurch angenehm heller.

Zwar sind die meisten Pflanzen der feuchten und nassen Standorte lichtliebend, es steht uns aber auch für schattige Wasserflächen ein ausreichendes Pflanzensortiment zur Verfügung. So gedeiht zum Beispiel die Gelbe Sumpfschwertlilie auch an schattigen Standorten, genauso wie Sumpfcalla oder Bachnelkenwurz, Milzkraut, Moschuskraut und Sumpffarn.

Ein solcher »Waldteich« direkt am Haus wird nicht die Artenfülle beherbergen wie ein Teich an helleren Standorten. Er macht aber im Gegensatz zu Staudenbeeten oder Bodendeckerflächen kaum Arbeit und mit einem Teich wird auch noch die dunkelste Gartenecke zu einem gestalterischen Höhepunkt unseres Gartens.

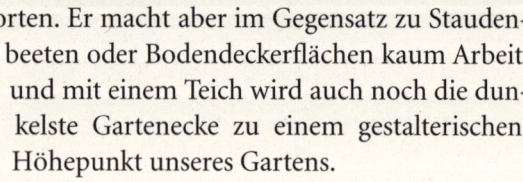

Pflanzen für Flachwasser- und Tiefwasserzonen (Schatten und Halbschatten)

Deutscher Name *Botanischer Name*	Wuchshöhe (in cm)	Blütenfarbe	März	April	Mai	Juni	Juli	Aug.	Sept.	Okt.
Sumpfdotterblume *Caltha palustris*	30	gelb	✿	✿						
Bachnelkenwurz *Geum rivale*	30	rotbraun		✿	✿	✿				
Sumpfvergissmeinnicht *Myosotis scorpioides*	30	hellblau		✿	✿	✿	✿	✿	✿	✿
Sumpfschwertlilie *Iris pseudacorus*	80	gelb			✿	✿				
Hängende Segge *Carex pendula*	100	bräunlich			✿	✿				
Pfennigkraut *Lysimachia nummularia*	5	gelb			✿	✿	✿			
Sumpfcalla *Calla palustris*	15	weiß			✿	✿	✿			
Sumpflabkraut *Galium palustre*	80	weiß			✿	✿	✿	✿	✿	
Sumpfblutauge *Potentilla palustris*	30	dunkelpurpur				✿	✿			
Froschlöffel *Alisma plantago-aquatica*	90	weiß				✿	✿	✿		
Mädesüß *Filipendula ulmaria*	100	weiß				✿	✿	✿		
Tannenwedel *Hippuris vulgaris*	100	unscheinbar				✿	✿	✿		
Sumpfziest *Stachys palustris*	50	purpurrosa				✿	✿	✿	✿	
Sumpfstorchschnabel *Geranium palustre*	80	rotviolett				✿	✿	✿	✿	
Teichrose *Nuphar lutea*	10	gelb				✿	✿	✿	✿	
Sumpfgreiskraut *Senecio paludosus*	170	gelb					✿	✿		
Sumpfweidenröschen *Epilobium palustre*	70	rosa					✿	✿	✿	
Sumpffarn *Thelypteris palustris*	30	keine								

✿ = Blütezeit

Nachwort

Im letzten Teil dieses Buches haben wir gesehen, dass es viele, auch attraktive Alternativen zu Rasenflächen gibt. Manchmal ist es besser, für eine funktionierende und schöne Alternative etwas mehr Geld, als eine Rasenanlage gekostet hätte, zu investieren. Nämlich dann, wenn der Rasen an dieser Stelle nicht gedeihen würde oder wenn die Nutzer des Gartens die Rasenpflege nicht leisten wollen oder können.

Aber in allen anderen Fällen sind Blumenrasen und Blumenwiesen eine wunderbare Möglichkeit, große Bereiche kostengünstig naturnah zu begrünen. Mit diesen blütenreichen Flächen schaffen wir einen Bioptyp, der in der freien Landschaft immer weniger zu finden ist.

Wenn dann Bläulingsweibchen an den Hornkleepflanzen in unserem Blumenrasen ihre Eier ablegen, dann kann uns das mit einer großen Befriedigung erfüllen – wir bieten einem Mitgeschöpf eine Wohnung, ohne die Fläche mit Kunstdünger, Herbiziden und Maschinen zu traktieren. Statt unsere Umwelt zu belasten und unsere Gesundheit zu gefährden, bereichern wir unseren Garten mit Blüten, Schmetterlingen und – Lebensfreude.

Die Autorin

Die Diplombiologin Ulrike Aufderheide aus Bonn plant seit 1994 naturnahe Gärten, öffentliche Flächen oder Außenanlagen von Kindergärten und Schulen. Mit ihrer Firma Calluna – Naturnahe Garten- und GrünPlanung lässt sie Gartenträume wahr werden: Gemeinsam mit ihren Kunden findet sie heraus, welche Funktionen der Garten haben soll, welche Bereiche des Grundstückes dafür jeweils am besten geeignet sind und welcher Stil zum Haus und zu den Bewohnern passt. Daraus entwickelt sie individuelle Gartenpläne, deren Umsetzung sie professionell begleitet.

Bei ihrer Arbeit entstehen neue Lebensräume für Wildpflanzen und Wildtiere – und für die Gartenbesitzer und -besucher viele Möglichkeiten der unmittelbaren Naturerfahrung.

In diesem Buch ist ihre Begeisterung für Kulturgeschichte und naturwissenschaftliche Zusammenhänge ebenso spürbar wie ihre Freude an der Gartengestaltung und die Liebe zur Natur.

Kontakt:
Calluna
Naturnahe Garten- und GrünPlanung
Ulrike Aufderheide
Weißdornweg 78
53177 Bonn
E-Mail: aufderheide@calluna-naturgarten.de
Internet: www.calluna-naturgarten. de

Anhang

Die Pflanzenvielfalt der Rasen und Wiesen

Die Pflanzenwelt der Rasen und Wiesen ist bunt und vielfältig. Mit der nachfolgenden Tabelle soll ein Überblick über diesen Reichtum gegeben werden. Die Tabelle soll helfen, die für den speziellen Gartenstandort geeigneten Saatgutmischungen auszuwählen, zu bewerten und zum Beispiel durch Initialpflanzungen zu ergänzen. Kürzel geben an, in welchen natürlichen Wiesentypen die jeweilige Art vorkommt und für welche Gartensituationen sie sich eignet.

So sind nur auf dem Markt auch verfügbare Arten gelistet. Arten, die im Garten zu konkurrenzstark sind, wurden nicht aufgeführt. In unmittelbarer Nähe zur freien Landschaft, insbesondere zu Naturschutzgebieten, sollten Arten, die natürlicherweise im Gebiet nicht vorkommen, nicht eingesetzt werden. Hier sollte auch, wie in der freien Landschaft durch das Bundesnaturschutzgesetz vorgeschrieben, ausschließlich standortheimisches Saatgut verwendet werden. Ob eine Art natürlicherweise im Gebiet vorkommt, kann im Internet recherchiert werden (Adresse siehe Seite 176). Bei Begrünungen in der freien Landschaft ist die Kompetenz eines Fachplanungsbüros unerlässlich.

Zeichenerklärung

A	= Ackerwildkrautflora	f	= Feuchtwiesen, Teichrand
F	= Feuchtwiesen	b	= Blumenwiesen
G	= Glatthafer- und Goldhaferwiesen	r	= Blumenrasen
W	= Weiden	s	= Blumenschotterrasen
T	= Trespenwiesen und Halbtrockenrasen	e	= Einsaaten für Kies, Sand und Schotter
K	= Kalkmagerrasen	d	= Dachbegrünung
Si	= Silikatmagerrasen		
S	= Sandmagerrasen		
Z	= Felsbandrasen		

+Kalk = braucht Kalk   −Kalk = verträgt keinen Kalk

● = In der Natur selten. Bei der Ansiedlung in der Nähe von Naturschutzgebieten fachlichen Rat einholen (s. oben).

▲ = Kommt in einigen Regionen nicht vor.

Botanischer Name Deutscher Name	Höhe (cm)	Blütenfarbe	Blütezeit (Monate)	Wiesentyp	Bemer- kung
Achillea millefolium Schafgarbe	50	weiß	6 – 10	GWTKS r s b e d	
Achillea ptarmica Sumpfschafgarbe	70	weiß	6 – 9	FW f	
Acinos arvensis Feldsteinquendel	30	hellviolett	6 – 8	TSZ s d	▲
Adonis vernalis Adonisröschen	30	gelb	4 – 5	S d	●
Agrimonia eupatoria Odermennig	50	gelb	6 – 8	GW b e	▲
Ajuga genevensis Heidegünsel	30	blau	4 – 5	TSK d	▲
Ajuga chamaepitys Gelber Günsel	20	gelb	4 – 9	K d	●
Ajuga reptans Kriechender Günsel	10	blau	5 – 8	GW r b	
Alchemilla xanthochlora Wiesenfrauenmantel	50	gelbgrün	5 – 8	FGW f b	▲
Allium angulosum Kantenlauch	50	lilarosa	6 – 8	F f	+Kalk ●
Allium carinatum ssp. pulchellum Schöner Lauch	50	lilarosa	7 – 8	WT b r e	+Kalk ●
Allium schoenoprasum Schnittlauch	40	rotviolett	6 – 8	FWZ d	
Allium senescens ssp. montanum Berglauch	30	rotviolett	6 – 8	SZK e d	+Kalk ▲
Allium sphaerocephalon Kugellauch	50	dunkelrot	7 – 8	WTSZK e d	+Kalk ●
Allium vineale Weinbergslauch	60	rosa	6 – 8	GWT e d	▲
Alyssum alyssoides Kelchsteinkraut	20	gelb	4 – 9	KSZ e d	▲
Anthemis arvensis Ackerhundskamille	50	weißgelb	5 – 10	RS e d	
Anthemis tinctoria Färberhundskamille	50	gelb	6 – 8	ZK e d	▲
Anthriscus sylvestris Wiesenkerbel	90	weiß	4 – 5	FGW f b	

157

Botanischer Name Deutscher Name	Höhe (cm)	Blütenfarbe	Blütezeit (Monate)	Wiesentyp	Bemer- kung
Anthyllis vulneraria Wundklee	50	gelb	4 – 9	TW b e d	
Aquilegia atrata Schwarzviolette Akelei	50	purpurviolett	4 – 5	F f	●
Aquilegia vulgaris Gewöhnliche Akelei	80	blauviolett	6 – 7	FG f b	▲
Arabis hirsuta Behaarte Gänsekresse	80	weiß	5 – 7	TSK b e	
Arenaria serpyllifolia Quendelblättriges Sandkraut	20	weiß	5 – 9	TSZK s d	▲
Armeria maritima Grasnelke	20	rosa	6 – 9	S e d	▲
Arnica montana Arnika	60	gelb	5 – 8	FWSi b e	−Kalk ●
Aster amellus Bergaster	40	blauviolett- gelb	8 – 10	TK e d	●
Astrantia major Große Sterndolde	60	weiß	5 – 6	F f	▲
Bellis perennis Gänseblümchen	15	weiß	3 – 10	WG r b	
Betonica officinalis Heilziest	50	purpurrosa	6 – 8	FG f b e d	▲
Biscutella laevigata Glattes Brillenschötchen	30	gelb	5 – 8	Z e d	●
Bistorta officinalis Wiesenknöterich	80	rosa	5 – 8	F f	
Buphthalmum salicifolium Ochsenauge	50	gelb	6 – 9	FWTZK b e d	+Kalk ●
Caltha palustris Sumpfdotterblume	30	gelb	3 – 4	F f	
Campanula cochleariifolia Zwergglockenblume	10	blau	6 – 8	Z d	●
Campanula glomerata Knäuelglockenblume	60	violett	6 – 9	GWTK b e d	
Campanula patula Wiesenglockenblume	50	blau	5 – 7	GT b e	▲
Campanula rapunculoides Ackerglockenblume	60	blauviolett	6 – 8	WT b s e d	

Botanischer Name Deutscher Name	Höhe (cm)	Blütenfarbe	Blütezeit (Monate)	Wiesentyp	Bemer- kung
Campanula rapunculus Rapunzelglockenblume	50	lilablau	6 – 8	GⱲT b e d	▲
Campanula rotundifolia Rundblättrige Glockenblume	25	blauviolett	6 – 10	GⱲTKSZ r s b e d	
Cardamine pratensis Wiesenschaumkraut	30	lilarosa	4 – 6	FGⱲ f b r	
Carlina acaulis Silberdistel	10	silberweiß	7 – 9	ⱲTSi e d	▲
Carlina vulgaris Golddistel	30	gelb	7 – 9	ⱲTK e d	▲
Carum carvi Wiesenkümmel	50	weiß	4 – 6	GⱲ b	
Centaurea jacea Wiesenflockenblume	50	rotviolett	6 – 10	FGⱲTKSi b r	
Centaurea nigra Schwarze Flockenblume	50	karminrot	6 – 9	GⱲSi b e	−Kalk ▲
Centaurea pseudophrygia Perückenflockenblume	80	rotviolett	6 – 9	FGⱲ b	●
Centaurea scabiosa Skabiosenflockenblume	50	rotviolett	6 – 9	TⱲK b e d	+Kalk ▲
Centaurium erythraea Tausendgüldenkraut	50	rosa	7 – 9	TⱲ e r	
Cerastium arvense Ackerhornkraut	15	weiß	4 – 8	TSZK s e d	
Chamaespartium sagittale Flügelginster	30	gelb	5 – 7	ⱲTSiZ e d	▲
Chrysanthemum segetum Saatwucherblume	50	gelb	5 – 10	S e	
Cirsium acaule Stengellose Kratzdistel	10	purpurrot	7 – 8	ⱲTK e d	+Kalk ▲
Cirsium eriophorum Wollköpfige Kratzdistel	140	violett	7 – 9	Ⱳ e	●

Zeichenerklärung: R = Ackerwildkrautflora | F = Feuchtwiesen | G = Glatthafer- und Goldhaferwiesen | Ⱳ = Weiden | T = Trespenwiesen und Halbtrockenrasen | K = Kalkmagerrasen | Si = Silikatmagerrasen | S = Sandmagerrasen | Z = Felsbandrasen | f = Feuchtwiesen, Teichrand | b = Blumenwiesen | r = Blumenrasen | s = Blumenschotterrasen | e = Einsaaten für Kies, Sand und Schotter | d = Dachbegrünung
+Kalk = braucht Kalk | −Kalk = verträgt keinen Kalk
▲ = Kommt in einigen Regionen nicht vor.
● = In der Natur selten. Bei der Ansiedlung in der Nähe von Naturschutzgebieten fachlichen Rat einholen (s. S. 156).

Botanischer Name Deutscher Name	Höhe (cm)	Blütenfarbe	Blütezeit (Monate)	Wiesentyp	Bemer- kung
Cirsium heterophyllum Verschiedenblättrige Kratzdistel	120	lila	7 – 8	F f	●
Cirsium oleraceum Kohldistel	150	gelb	7 – 9	F f	
Cirsium palustre Sumpfkratzdistel	150	purpurrot	5 – 6	F f	●
Cirsium rivulare Bachkratzdistel	100	purpurrot	7 – 9	F f	+Kalk ●
Colchicum autumnale Herbstzeitlose	30	lilarosa	8 – 9	F G W f b	
Crepis biennis Wiesenpippau	120	gelb	5 – 7	G T b	
Crepis capillaris Kleinköpfiger Pippau	90	gelb	5 – 9	F G W b r	
Crepis paludosa Sumpfpippau	120	gelb	5 – 7	F f	
Crocus vernus Frühlingskrokus	10	weiß	3 – 4	G W b r	●
Daucus carota Wilde Möhre	80	weiß	6 – 9	G W T b e	
Dianthus arenarius Sandnelke	20	weiß	6 – 9	S e d	●
Dianthus armeria Rauhe Nelke	40	rotviolett	6 – 8	T Z e d	▲
Dianthus carthusianorum Karthäusernelke	50	rotviolett	6 – 8	W T S K s e d	
Dianthus deltoides Heidenelke	20	karminrot	6 – 9	W T S i S r s e d	▲
Dianthus superbus Prachtnelke	50	rosalila	6 – 8	F f	+Kalk ▲
Dianthus sylvestris Steinnelke	40	rosa	6 – 7	T Z e d	●
Echium vulgare Natternkopf	70	blau	6 – 8	W S Z K e d	
Erodium cicutarium Reiherschnabel	40	rosa	6 – 9	S s e d	▲
Erophila verna Frühlingshungerblümchen	10	weiß	4 – 5	W S Z s e d	

Botanischer Name Deutscher Name	Höhe (cm)	Blütenfarbe	Blütezeit (Monate)	Wiesentyp	Bemer- kung
Erythronium dens-canis Hundszahnlilie	10	rosa	3 – 4	F f b r	●
Euphorbia cyparissias Zypressenwolfsmilch	30	gelb	6 – 8	ШTZK e d	
Euphrasia rostkoviana Wiesenaugentrost	30	weißgelb	5 – 10	FGT b	▲
Filipendula ulmaria Mädesüß	100	weiß	6 – 8	F f	
Filipendula vulgaris Knolliges Mädesüß	50	weiß	5 – 7	FTK e d	▲
Fritillaria meleagris Schachbrettblume	30	purpurrosa kariert	4 – 5	FG f b	▲
Galeopsis angustifolia Schmalblättriger Hohlzahn	50	purpurrot	6 – 10	SZ e d	▲
Galium album Weißes Labkraut	100	weiß	5 – 9	GT b r	▲
Galium boreale Nordisches Labkraut	50	weiß	7 – 8	FT f	+Kalk
Galium mollugo Wiesenlabkraut	100	weiß	5 – 9	FG f b	▲
Galium palustre Sumpflabkraut	80	weiß	5 – 8	F f	
Galium pumilum Niedriges Labkraut	30	weiß	6 – 8	ШTSiS e d	▲
Galium uliginosum Moorlabkraut	30	weiß	5 – 8	F f	
Galium verum Echtes Labkraut	50	gelb	6 – 9	FGШTKS f b r s e d	
Galium wirtgenii Wirtgens Labkraut	50	gelb	6 – 9	FT f	●
Genista tinctoria Färberginster	80	gelb	6 – 8	FШTSZK e d	

Zeichenerklärung: A = Ackerwildkrautflora | F = Feuchtwiesen | G = Glatthafer- und Goldhaferwiesen | Ш = Weiden | T = Trespenwiesen und Halbtrockenrasen | K = Kalkmagerrasen | Si = Silikatmagerrasen | S = Sandmagerrasen | Z = Felsbandrasen | f = Feuchtwiesen, Teichrand | b = Blumenwiesen | r = Blumenrasen | s = Blumenschotterrasen | e = Einsaaten für Kies, Sand und Schotter | d = Dachbegrünung
+Kalk = braucht Kalk | −Kalk = verträgt keinen Kalk
▲ = Kommt in einigen Regionen nicht vor.
● = In der Natur selten. Bei der Ansiedlung in der Nähe von Naturschutzgebieten fachlichen Rat einholen (s. S. 156).

Botanischer Name Deutscher Name	Höhe (cm)	Blütenfarbe	Blütezeit (Monate)	Wiesentyp	Bemer- kung
Gentiana asclepiadea Schwalbenwurzenzian	50	blau	7 – 9	F f	●
Gentiana cruciata Kreuzenzian	30	blauviolett	7 – 10	TK e	▲
Geranium palustre Sumpfstorchschnabel	80	rotviolett	6 – 9	F f	+Kalk ▲
Geranium pratense Wiesenstorchschnabel	70	blauviolett	6 – 9	FG f b	
Geranium sylvaticum Waldstorchschnabel	60	rotviolett	6 – 8	G b	▲
Geum rivale Bachnelkenwurz	50	braunrot	4 – 6	F f	
Gladiolus palustris Sumpfgladiole	60	purpur	6 – 7	FT f	+Kalk ●
Glechoma hederacea Gundermann	30	lila	4 – 6	FGW b r	
Globularia punctata Gewöhnliche Kugelblume	30	blau	4 – 6	TK s e d	▲
Helianthemum nummularium Gewöhnliches Sonnenröschen	20	gelb	6 – 9	WTK s e d	▲
Helichrysum arenarium Sandstrohblume	20	gelb	7 – 8	TS e d	▲
Hieracium aurantiacum Orangerotes Habichtskraut	50	orange	6 – 8	WSi r e d	●
Hieracium lactucella Geöhrtes Habichtskraut	30	gelb	5 – 10	FWSi f b r	▲
Hieracium pilosella Kleines Habichtskraut	20	gelb	5 – 10	WTSK b r s e d	
Hieracium piloselloides Florentiner Habichtskraut	80	gelb	6 – 9	Z s	▲
Hieracium umbellatum Doldiges Habichtskraut	70	gelb	7 – 10	TS b e d	
Hippocrepis comosa Hufeisenklee	20	gelb	5 – 7	WTZK d	+Kalk ▲
Hypericum maculatum Geflecktes Johanniskraut	40	gelb	6 – 8	FWSi	+Kalk ▲
Hypericum perforatum Echtes Johanniskraut	60	gelb	7 – 8	GWTS b e d	

Botanischer Name Deutscher Name	Höhe (cm)	Blütenfarbe	Blütezeit (Monate)	Wiesentyp	Bemer- kung
Hypochoeris radicata Gewöhnliches Ferkelkraut	60	gelb	6 – 10	FGWTS f b r	+Kalk
Inula salicina Weidenblättriger Alant	60	gelb	7 – 8	FT f e d	+Kalk ▲
Iris sibirica Wieseniris	80	blau	6	F f	▲
Jasione montana Berg-Sandglöckchen	50	blau	6 – 10	SZ s e d	▲
Kickxia spuria Eiblättriges Tännelkraut	30	gelb	7 – 10	AS e d	▲
Knautia arvensis Wiesenwitwenblume	100	lila	5 – 8	GT b e	▲
Lathyrus pratensis Wiesenplatterbse	60	gelb	5 – 8	FG b	
Legousia speculum veneris Frauenspiegel	40	blau	5 – 7	A e d	+Kalk ▲
Leontodon autumnalis Herbstlöwenzahn	50	gelb	7 – 9	FGW f b r	
Leontodon hispidus Rauher Löwenzahn	60	gelb	6 – 9	FGWT b r s e	
Leontodon saxatilis Felslöwenzahn	30	gelb	7 – 9	FWS f r s e	▲
Leucanthemum ircutianum Wiesenmargerite	60	weiß	5 – 10	FGW f b r	
Leucanthemum vulgare Magerwiesenmargerite	60	weiß	5 – 10	T e d	
Leucojum vernum Märzenbecher	20	weiß	2 – 3	F f	▲
Lilium bulbiferum Feuerlilie	80	orange	7 – 9	GK b e	+Kalk ●
Linaria vulgaris Frauenflachs	60	gelbweiß	6 – 10	AW s e d	

Zeichenerklärung: A = Ackerwildkrautflora | F = Feuchtwiesen | G = Glatthafer- und Goldhaferwiesen | W = Weiden | T = Trespenwiesen und Halbtrockenrasen | K = Kalkmagerrasen | Si = Silikatmagerrasen | S = Sandmagerrasen | Z = Felsbandrasen | f = Feuchtwiesen, Teichrand | b = Blumenwiesen | r = Blumenrasen | s = Blumenschotterrasen | e = Einsaaten für Kies, Sand und Schotter | d = Dachbegrünung
+Kalk = braucht Kalk | −Kalk = verträgt keinen Kalk
▲ = Kommt in einigen Regionen nicht vor.
● = In der Natur selten. Bei der Ansiedlung in der Nähe von Naturschutzgebieten fachlichen Rat einholen (s. S. 156).

Botanischer Name Deutscher Name	Höhe (cm)	Blütenfarbe	Blütezeit (Monate)	Wiesentyp	Bemer- kung
Linum perenne Blauer Staudenlein	60	blau	6 – 8	S s e d	●
Linum austriacum Österreichischer Lein	60	blau	5 – 8	T K s e d	●
Lotus corniculatus Hornklee	30	gelb	5 – 8	G W T b r s e d	
Lotus pedunculatus Sumpfhornklee	30	gelb	5 – 8	F G f	
Lysimachia nummularia Pfennigkraut	10	gelb	5 – 7	F G W f b r	
Malva moschata Moschusmalve	50	rosa	6 – 10	G W T b e d	▲
Matricaria recutita Echte Kamille	40	weißgelb	5 – 7	A s e d	
Medicago lupulina Hopfenklee	60	gelb	4 – 10	G W T K r s	
Meum athamanticum Bärwurz	50	weiß	5 – 6	G W Si −Kalk b e	●
Muscari botryoides Kleine Traubenhyazinthe	20	blau	4 – 5	F G Si b r	▲
Myosotis palustris Sumpfvergissmeinicht	30	hellblau	4 – 10	F f	
Narcissus pseudonarcissus Wilde Narzisse	30	gelb	3 – 4	F G b r	●
Ononis spinosa Dornige Hauhechel	50	rosarot	6 – 8	F W e d	
Origanum vulgare Oregano	40	rosaviolett	6 – 8	T s e d	
Ornithogalum umbellatum Doldiger Milchstern	30	weiß	4 – 5	G S b r	▲
Papaver argemone Sandmohn	30	rot	4 – 5	A S +Kalk e d	
Papaver dubium Saatmohn	60	rot	5 – 6	A s	
Petrorhagia prolifera Sprossendes Nelkenköpfchen	50	rosa	5 – 9	T S s e d	▲
Petrorhagia saxifraga Felsennelke	20	rosa	7	T S K s e d	●

Botanischer Name Deutscher Name	Höhe (cm)	Blütenfarbe	Blütezeit (Monate)	Wiesentyp	Bemer- kung
Phyteuma nigrum Schwarze Teufelskralle	60	violett	5 – 7	G b	▲
Phyteuma orbiculare Kugelige Teufelskralle	20	blauviolett	6 – 7	FWT e	+Kalk ●
Picris hieracioides Bitterkraut	90	gelb	7 – 10	GWT b	
Pimpinella major Große Bibernelle	100	weiß	6 – 9	FG f b	▲
Pimpinella saxifraga Kleine Bibernelle	50	weiß	6 – 9	WT e	
Plantago media Mittlerer Wegerich	30	weißrosa	5 – 7	GWT b r s	▲
Potentilla argentea Silberfingerkraut	20	gelb	6 – 8	TSSiZ s e d	+Kalk
Potentilla tabernaemontani Frühlingsfingerkraut	10	gelb	4 – 8	TSSiZ s e d	
Primula elatior Hohe Schlüsselblume	20	gelb	3 – 5	FGW b r	▲
Primula veris Echte Schlüsselblume	20	gelb	4 – 5	WTK b r e	
Prunella grandiflora Große Braunelle	20	hellviolett	6 – 8	TK r s e	
Prunella vulgaris Kleine Braunelle	10	blauviolett	6 – 8	FGWT f b r s	
Pseudolysimachion spicatum Ähriger Ehrenpreis	30	blau	7 – 8	TS e d	▲
Pulicaria dysenterica Großes Flohkraut	60	gelb	7 – 8	F f	▲
Pulsatilla vulgaris Gewöhnliche Küchenschelle	20	violett	3 – 4	WTKS e d	●
Ranunculus acris Scharfer Hahnenfuß	100	gelb	5 – 9	FGWT b	

Zeichenerklärung: A = Ackerwildkrautflora | F = Feuchtwiesen | G = Glatthafer- und Goldhaferwiesen | W = Weiden | T = Trespenwiesen und Halbtrockenrasen | K = Kalkmagerrasen | Si = Silikatmagerrasen | S = Sandmagerrasen | Z = Felsbandrasen | f = Feuchtwiesen, Teichrand | b = Blumenwiesen | r = Blumenrasen | s = Blumenschotterrasen | e = Einsaaten für Kies, Sand und Schotter | d = Dachbegrünung
+Kalk = braucht Kalk | −Kalk = verträgt keinen Kalk
▲ = Kommt in einigen Regionen nicht vor.
● = In der Natur selten. Bei der Ansiedlung in der Nähe von Naturschutzgebieten fachlichen Rat einholen (s. S. 156).

Botanischer Name Deutscher Name	Höhe (cm)	Blütenfarbe	Blütezeit (Monate)	Wiesentyp	Bemerkung
Ranunculus bulbosus Knolliger Hahnenfuß	20	gelb	5 – 7	W T b r s	
Ranunculus nemorosus Hainhahnenfuß	100	gelb	5 – 7	F G W T f	▲
Reseda lutea Gelber Wau	40	gelb	6 – 9	S Z e	
Rhinanthus alectorolophus Zottiger Klappertopf	50	gelb	5 – 7	G W T b e	
Rhinanthus minor Kleiner Klappertopf	30	gelbweiß	5 – 8	F G W b	
Rumex acetosa Sauerampfer	100	rötlich	5 – 8	F G W f b	
Rumex acetosella Kleiner Sauerampfer	20	rötlich	5 – 8	W S i S s e	
Salvia nemorosa Steppensalbei	50	violett	6 – 7	T Z e d	+Kalk ▲
Salvia pratensis Wiesensalbei	50	blauviolett	6 – 8	G W T K b r s e	+Kalk ▲
Sanguisorba minor Kleiner Wiesenknopf	50	rötlich grün	6 – 7	G W T K b	
Sanguisorba officinalis Großer Wiesenknopf	100	weinrot	7 – 9	F G f b	
Saxifraga granulata Knöllchensteinbrech	30	weiß	4 – 6	G W S i b e	▲
Scabiosa columbaria Taubenskabiose	40	blauviolett	6 – 10	F G T K b e d	+Kalk
Sedum acre Scharfer Mauerpfeffer	10	gelb	6 – 7	T S Z s e d	
Sedum album Weißer Mauerpfeffer	10	weiß	6 – 8	T Z s e d	
Sedum reflexum Tripmadam	10	gelb	6 – 8	S S i Z e d	▲
Sedum sexangulare Milder Mauerpfeffer	10	gelb	6 – 7	T S Z K s e d	
Sedum telephium ssp. maximum Große Fetthenne	30	gelb	6 – 9	Z K e d	
Selinum carvifolia Kümmelsilge	60	weiß	7 – 8	F f	▲

Botanischer Name Deutscher Name	Höhe (cm)	Blütenfarbe	Blütezeit (Monate)	Wiesentyp	Bemer- kung
Senecio aquaticus Wassergreiskraut	60	gelb	7 – 10	F f	
Serratula tinctoria Färberscharte	100	rotviolett	7 – 9	FT f	▲
Silaum silaus Wiesensilge	100	gelblich	6 – 9	FGT f b	▲
Silene dioica Rote Lichtnelke	80	rot	4 – 9	FG f b	
Silene flos cuculi Kuckuckslichtnelke	40	rosa	5 – 7	FG f b	
Silene latifolia ssp alba Weiße Lichtnelke	90	weiß	6 – 9	RS s e	
Silene nutans Nickendes Leimkraut	60	weiß	5 – 8	TZK s e d	▲
Silene viscaria Pechnelke	50	dunkelrot	5 – 7	WTSi e d	▲
Silene vulgaris Taubenkropf-Leimkraut	30	weiß	5 – 9	GWTKSiSZ b r s e d	
Spergula arvensis Ackerspörgel	30	weiß	6 – 10	RS e d	
Stachys recta Aufrechter Ziest	60	gelb	6 – 9	TK e d	▲
Stellaria graminea Grassternmiere	50	weiß	4 – 6	FGT +Kalk	
Succisa pratensis Teufelsabbiss	100	blauviolett	7 – 9	FGSi f b	
Symphytum officinale Beinwell	80	violett	5 – 7	FGW f	
Teucrium botrys Feldgamander	30	rosa	6 – 9	ZK e d	+Kalk ●
Teurcium chamaedrys Edelgamander	30	rotviolett	7 – 8	TK s e d	+Kalk

Zeichenerklärung: R = Ackerwildkrautflora | F = Feuchtwiesen | G = Glatthafer- und Goldhaferwiesen | W = Weiden | T = Trespenwiesen und Halbtrockenrasen | K = Kalkmagerrasen | Si = Silikatmagerrasen | S = Sandmagerrasen | Z = Felsbandrasen | f = Feuchtwiesen, Teichrand | b = Blumenwiesen | r = Blumenrasen | s = Blumenschotterrasen | e = Einsaaten für Kies, Sand und Schotter | d = Dachbegrünung
+Kalk = braucht Kalk | −Kalk = verträgt keinen Kalk
▲ = Kommt in einigen Regionen nicht vor.
● = In der Natur selten. Bei der Ansiedlung in der Nähe von Naturschutzgebieten fachlichen Rat einholen (s. S. 156).

Botanischer Name Deutscher Name	Höhe (cm)	Blütenfarbe	Blütezeit (Monate)	Wiesentyp	Bemerkung
Teucrium montanum				T K	+Kalk
Berggamander	20	gelb	6 – 8	s e d	●
Thymus praecox				W T	
Früher Thymian	10	rotviolett	6 – 8	s e d	●
Thymus pulegioides				F G W T S	
Arzneithymian	30	rosapurpur	7 – 9	b r s e d	
Thymus serpyllum				W S	
Sandthymian	10	rosapurpur	6 – 10	s e d	▲
Tragopogon pratensis				G	
Wiesenbocksbart	70	gelb	5 – 8	b	
Trifolium arvense				W S	−Kalk
Hasenklee	40	weißrosa	6 – 9	s e d	▲
Trifolium campestre				W T S K	
Feldklee	20	gelb	6 – 9	s e d	
Trifolium montanum				F W T K	+Kalk
Bergklee	40	weiß	5 – 7	e d	▲
Trollius europaeus				F	
Trollblume	50	gelb	5 – 7	f	▲
Veronica chamaedrys				G W T	
Gamanderehrenpreis	30	blau	4 – 6	b r	
Veronica teucrium				T	+Kalk
Echter Ehrenpreis	40	blau	6 – 7	b e d	▲
Viola tricolor				G W S	
Wildes Stiefmütterchen	20	violett-gelb	4 – 10	b e	

Gräser

Agrostis capillaris				G W S S i	
Rotes Straußgras	30		6 – 7	b r s e	
Agrostis gigantea				F	
Riesenstraußgras	80		6 – 7	f	
Alopecurus pratensis				F W G	
Wiesenfuchsschwanz	70		4 – 5	f b	
Anthoxanthum odoratum				G W T	
Ruchgras	30		4 – 5	b r s e	
Arrhenatherum elatius				G	
Glatthafer	90		6	b	

Botanischer Name Deutscher Name	Höhe (cm)	Blütenfarbe	Blütezeit (Monate)	Wiesentyp	Bemer- kung
Brachypodium pinnatum Fiederzwenke	60		7	FШTK s	
Briza media Zittergras	40		6	FGШT b r s e d	
Bromus erectus Aufrechte Trespe	50		6	FGШT f b r s e d	
Bromus racemosus Traubentrespe	40		7 – 8	FGШ f	
Carex flacca Blaugrüne Segge	30		6 – 7	FTK f e d	
Carex ovalis Hasenpfotensegge	40		5 – 6	FШSi f	+Kalk
Corynephorus canescens Silbergras	20		6	S e d	
Cynosurus cristatus Wiesen-Kammgras	40		6 – 7	GШ b r	
Deschampsia cespitosa Rasenschmiele	90		6 – 8	F f	
Festuca nigrescens Horstschwingel	60		6	GШ f b r s e	+Kalk
Festuca ovina agg Schafschwingel-Gruppe	40		5 – 6	ШTZ b r s e d	
Festuca pratensis Wiesenschwingel	60		5 – 6	FGШT f b	
Helictotrichon pratensis Rauer Wiesenhafer	50		5	ШT e	
Helictotrichon pubescens Flaumhafer	80		5	GШTK b e	▲
Holcus lanatus Wolliges Honiggras	40		6 – 7	FGШ f	
Koeleria glauca Blaugraue Kammschmiele	40		6	S e d	●

Zeichenerklärung: A = Ackerwildkrautflora | F = Feuchtwiesen | G = Glatthafer- und Goldhaferwiesen | Ш = Weiden | T = Trespenwiesen und Halbtrockenrasen | K = Kalkmagerrasen | Si = Silikatmagerrasen | S = Sandmagerrasen | Z = Felsbandrasen | f = Feuchtwiesen, Teichrand | b = Blumenwiesen | r = Blumenrasen | s = Blumenschotterrasen | e = Einsaaten für Kies, Sand und Schotter | d = Dachbegrünung
+Kalk = braucht Kalk | −Kalk = verträgt keinen Kalk
▲ = Kommt in einigen Regionen nicht vor.
● = In der Natur selten. Bei der Ansiedlung in der Nähe von Naturschutzgebieten fachlichen Rat einholen (s. S. 156).

169

Botanischer Name Deutscher Name	Höhe (cm)	Blütenfarbe	Blütezeit (Monate)	Wiesentyp	Bemer- kung
Koeleria macrantha Zierliche Kammschmiele	40		6	TZK e d	●
Koeleria pyramidata Pyramiden-Kammschmiele	60		6	FWTZ e d	▲
Luzula campestris Feldhainsimse	10		5	GWT f e	+Kalk
Melica ciliata Wimperperlgras	50		6	Z e d	▲
Phleum phleoides Glanzlieschgras	40		6	TSZ e d	▲
Poa angustifolia Schmalblättrige Wiesenrispe	50		5	 b s	
Poa compressa Platthalmrispengras	40		6	S r s e	
Poa palustris Sumpfrispengras	70		6	F f	
Poa pratensis Wiesenrispengras	60		5	GWT b r	
Poa trivialis Gewöhnliches Rispengras	60		5	F f	
Scirpus sylvaticus Waldsimse	70		5 – 6	F f	
Trisetum flavescens Goldhafer	50		6	FGT f b e	▲

Zeichenerklärung: A = Ackerwildkrautflora | F = Feuchtwiesen | G = Glatthafer- und Goldhaferwiesen | W = Weiden | T = Trespenwiesen und Halbtrockenrasen | K = Kalkmagerrasen | Si = Silikatmagerrasen | S = Sandmagerrasen | Z = Felsbandrasen | f = Feuchtwiesen, Teichrand | b = Blumenwiesen | r = Blumenrasen | s = Blumenschotterrasen | e = Einsaaten für Kies, Sand und Schotter | d = Dachbegrünung
+Kalk = braucht Kalk | −Kalk = verträgt keinen Kalk
▲ = Kommt in einigen Regionen nicht vor.
● = In der Natur selten. Bei der Ansiedlung in der Nähe von Naturschutzgebieten fachlichen Rat einholen (s. S. 156).

170

Folgende Wiesenpflanzenarten haben sich im Garten als sehr konkurrenzstark erwiesen und werden deshalb nicht aufgeführt:
Weißes Straußgras *(Agrostis stolonifera)*
Wiesenknäuelgras *(Dactylis glomerata)*
Quecke *(Elymus repens)*
Honiggras *(Holcus mollis)*
Wiesenlieschgras *(Phleum pratense)*
Spitzwegerich *(Plantago lanceolata)*
Breitwegerich *(Plantago major)*
Kriechendes Fingerkraut *(Potentilla reptans)*
Kriechender Hahnenfuß *(Ranunculus repens)*
Gewöhnlicher Löwenzahn *(Taraxacum officinale agg.)*
Vogelwicke *(Vicia cracca)*
Weißklee *(Trifolium repens)*
Rotklee *(Trifolium rubrum)*

Außerhalb von Schotterrasen ist die Fiederzwenke *(Brachypodium pinnatum)* zu konkurrenzstark. Auch der Glatthafer *(Arrhenatherum elatius)*, eigentlich die namensgebende Pflanze der Blumenwiesen in der Landschaft (siehe Seite 30), wird für die meisten Blumenwiesen in Gärten zu hoch.

Literaturtipps

Bayerische Akademie für Natur-
schutz und Landschaftspflege:
**Reihe Landschaftspflegekonzept
Bayern.**
Band II.1 und II.2
Kalkmagerrasen
Band II.3 Bodensaure
Magerrasen
Band II.4 Sandrasen
zu beziehen über die Akademie
(www.anl.bayern.de)

Margaret Bunzel-Drüke et. al.:
Quaternary Park. Überlegungen
zu Wald, Mensch und Megafauna
als pdf verfügbar unter:
www.abu-naturschutz.de

Werner David: **Lebensraum
Totholz.** Gestaltung und
Naturschutz im Garten.
pala-verlag

Forschungsgesellschaft
Landschaftsentwicklung
Landschaftsbau e.V. (FLL):
**Beschreibung der Regel-
saatgutmischungen (RSM)**
zu beziehen über die
Forschungsgesellschaft:
Colmantstraße 32, 53115 Bonn
(www.fll.de)

Jan-Peter Frahm:
Mit Moosen begrünen –
eine Anleitung zur Kultur.
Weißdorn-Verlag

Dettmer Grünefeld:
Das Mulchbuch. Praxis der
Bodenbedeckung im Garten.
pala-verlag

Wolf Richard Günzel:
Lebensräume schaffen.
pala-verlag

Bernhard Lehnert:
Einfach mähen mit der Sense.
Ökobuch Verlag

Reinhard Witt und
Fritz Hilgenstock:
Das Naturgarten-Baubuch.
Callwey Verlag

Manfred Pappler und Reinhard
Witt: **NaturErlebnisRäume.**
Kallmeyer Verlag

Reinhard Witt: **Nachhaltige
Pflanzungen und Ansaaten.**
Verlag Naturgarten

Reinhard Witt:
Der unkrautfreie Garten.
Obst- und Gartenbauverlag

Bezugsquellen

*Pflanzen und Samen
einheimischer Wildpflanzen*

Deutschland
**Kräuter- und Wildpflanzen-
gärtnerei Strickler**
Lochgasse 1
55232 Alzey-Heimersheim
www.gaertnerei-strickler.de
Fachbetrieb für naturnahes Grün,
Bioland-Gärtnerei

Hof Berggarten
Lindenweg 17
79737 Herrischried
www.hof-berggarten.de
Fachbetrieb für naturnahes Grün,
Bioland-Gärtnerei

**Syringa-Samen,
Duftpflanzen und Kräuter**
Bachstraße 7
78247 Hilzingen-Binningen
www.syringa-samen.de
Fachbetrieb für naturnahes Grün,
Biobetrieb nach
EU-Bioverordnung

Schweiz
Die Wildstaudengärtnerei
Patricia Willi
Waldibrücke
6274 Eschenbach
www.wildstauden.ch

*Produzenten von Samen
einheimischer Wildpflanzen
standortheimischer Herkünfte*

Deutschland
**Matthias Stolle
Wilpflanzenvermehrung
und -handel**
Saalestraße 5
06118 Halle
www.saale-saaten.de
regionales Wildpflanzensaatgut
der Herkünfte Sachsen-Anhalt,
Thüringen, Sachsen

Wildsamen-Insel Uta Kietsch
Lindenallee 3
17268 Temmen-Ringenwalde
www.wildsamen-insel.de
regionales Wildpflanzensaatgut
des nordostdeutschen und süd-
ostdeutschen Tieflandes
zertifiziert von vww-regiosaaten

Wildsaaten GbR
Im Stiegel 10 a
35583 Wetzlar-Garbenheim
E-Mail: info@wildsaaten.de
Wildkräuter und Wildgräser
aus gesicherten regionalen
Herkünften

Appels Wilde Samen GmbH
Brandschneise 2
64295 Darmstadt
www.appelswilde.de
regionales Wildpflanzensaatgut
der Herkunft Oberrheinisches
Tiefland, zertifiziert von
vww-regiosaaten

Rieger-Hofmann GmbH
In den Wildblumen 7
74572 Blaufelden Raboldshausen
www.rieger-hofmann.de
regionales Wildpflanzensaatgut
zahlreicher Herkunftsregionen,
zertifiziert von vww-regiosaaten
auch: Dachmoose

Hof Berggarten
Lindenweg 17
79737 Herrischried
www.hof-berggarten.de
Fachbetrieb für naturnahes Grün,
Bioland-Gärtnerei, regionales
Wildpflanzensaatgut v. a. Hoch-
rhein, südlicher Schwarzwald,
Schwäbische Alb

Österreich
Voitsauer Wildblumensamen
Voitsau 8
3623 Kottes-Purk
www.wildblumensaatgut.at
standortheimisches
Wiesensaatgut für Österreich

Erich Bangerl
Riedlhof 28
4760 Raab
E-Mail: e.bangerl@aon.at

Kärtner Saatbau GenmbH
Krassnigstraße 45
9020 Klagenfurt
www.saatbau.at
standortheimisches
Wiesensaatgut für Oberösterreich

Schweiz
UFA Samen
Postfach 344
8401 Winterthur
www.ufasamen.ch
standortheimisches
Wiesensaatgut für alle
Schweizerischen Regionen

*Blumenrasen und Blumenwiesen
als Rollrasen*

Horst Schwab GmbH
Haid am Rain 3
86579 Waidhofen
www.horst-schwab.de

Blumenmatten (ohne Gräser)
Landshuter Werkstätten GmbH
Georg-Pöschl-Straße 10
84056 Rottenburg
www.floerflor.de

*Biologische Pflanzenstärkungs-
mittel, Dünger und Pflanzen-
schutzmittel für Rasen*

Snoek GmbH
Tannenweg 10
27356 Rotenburg / Wümme
www.snoek-naturprodukte.de

W. Neudorff GmbH KG
An der Mühle 3
31860 Emmerthal
www.neudorff.de

Horst Schwab GmbH
Haid am Rain 3
86579 Waidhofen
www.horst-schwab.de

Oscorna Dünger GmbH und Co KG
Erbacher Straße 41
89079 Ulm
www.oscorna.de

*Holzhäcksel für
Bewegungsbereiche*

Ökocolor GmbH & Co KG
Hemkenroder Straße 14
83162 Destedt
www.oecocolor.de

*Sensenkurse, Sensen
und Zubehör*

Die Sensenwerkstatt
Allmendweg 54
66453 Gersheim-Walsheim
www.sensenwerkstatt.de

Sensenverein Deutschland e.V.
Bregenzer Straße 27
88239 Wangen
www.sensenverein.de

Sensenverein Österreich
Brunnenweg 6/6
4560 Kirchdorf an der Krems
www.sensenverein.at

Informationen zum Naturgarten und zu Naturgarten-Fachbetrieben

Naturgarten e.V.
Kernerstraße 64
74076 Heilbronn
www.naturgarten.org

Fachbetriebe für naturnahes Grün – empfohlen von Bioland
Kernerstr. 64
74076 Heilbronn
www.naturgarten-fachbetriebe.de

Österreich
Netzwerk Naturgarten
Tulpengasse 8A
4400 Steyr
www.naturgarten-netzwerk.at

Schweiz
Bioterra-Fachgruppe
Naturgarten
(vormals vng)
Dubsstraße 33
8003 Zürich
www.bioterra.ch

Informationen über Wildpflanzen und ihre Verbreitungsgebiete

www.floraweb.de

Wildnisgebiete

Deutschland
Naturpark Solling-Vogler
Hutelwaldprojekt am
Schloss Nienover
37194 Bodenfelde-Amelith

Naturschutzgebiet Höltigbaum
22145 Stapelfeld
www.hamburg.nabu.de/projekte/
hoeltigbaum

Beweidungsprojekt Königsbrunner Heide
86343 Königsbrunn
www.lpv-augsburg.de

Beweidungsprojekt Hellinghauser Mersch
Naturschutzgebiet Lippeaue
59556 Lippstadt / Hellinghausen
www.abu-naturschutz.de

Niederlande
Besucherzentrum Oostvaardersplassen
Kitsweg 1
8218 AA Lelystad
www.staatsbosbeheer.nl

Naturgarten e.V. –

Der Verein für naturnahe Garten- und Landschaftsgestaltung

Naturbegeisterte Gartenbesitzer, Biologen, Gartengestalter und Landschaftsarchitekten gründeten 1990 den Verein für naturnahe Garten- und Landschaftsgestaltung (kurz Naturgarten e.V.). Seitdem wird die Naturgartenidee mit viel Tatkraft, Idealismus und Begeisterung weiter entwickelt und hat sich weit über Deutschlands Grenzen hinaus verbreitet.

Einblicke in unsere Vision:
Die Zukunft der Garten- und Landschaftsgestaltung gehört dem naturnahen Grün – nicht nur im privaten Bereich vor der Haustür, sondern genauso in öffentlichen Anlagen: Schulhöfen, Kindergärten, Firmengeländen, Verkehrsgrün ... die Möglichkeiten sind unzählig.

Ein dichtes Netzwerk von Naturoasen mit vielfältig strukturierten Lebensräumen für einheimische Pflanzen und Tiere ermöglicht uns und unseren Kindern durch bewusstes Erleben den Zugang zur Natur.

Wir möchten den Weg vom monotonen Einheitsgrün und exotischen Pflanzungen hin zu vielfältigen, bunten und artenreichen Lebensräumen entscheidend prägen.

Wir sehen uns als Gemeinschaft, in der sich die einzelnen Mitglieder gegenseitig in ihrer Naturgartenarbeit unterstützen und jedem Interessierten Hilfe und Wissen anbietet.
Durch unser persönliches Beispiel möchten wir die Menschen für den verantwortungsbewussten, schonenden Umgang mit allen Ressourcen sensibilisieren.

Der Erfolg unserer Arbeit hängt von jedem einzelnen Mitglied ab. Die kleinen täglichen Beiträge sind mindestens genauso wichtig wie große spektakuläre Aktionen.

Machen Sie mit, teilen Sie unser Miteinander-Leben und Voneinander-Lernen. Egal ob Freizeit-Naturgärtner, Profi-Naturgärtner, Naturschützer, Umweltbeauftragte oder stille Förderer im Hintergrund – wir freuen uns über jedes (neue) Naturgartenmitglied.
Helfen Sie mit, das Netz zu knüpfen. Naturgarten e.V. – ein Netzwerk fürs Leben!

Naturgarten e.V.
Bundesgeschäftsstelle
Kernerstr. 64
74076 Heilbronn
Telefon: 07131 / 64 9999 6
E-Mail: geschaeftsstelle@naturgarten.org
Website: www.naturgarten.org

Lebensraum Garten

Werner David:
Lebensraum Totholz
ISBN: 978-3-89566-270-6

Irmela Erckenbrecht:
Neue Ideen für die Kräuterspirale
ISBN: 978-3-89566-240-9

Wolf Richard Günzel:
Lebensraum Gartenteich
ISBN: 978-3-89566-262-1

Wolf Richard Günzel:
Das Insektenhotel
ISBN: 978-3-89566-234-8

ISBN: 978-3-89566-274-4
© 2011: pala-verlag,
Rheinstraße 35, 64283 Darmstadt
www.pala-verlag.de

Alle Rechte vorbehalten

Umschlag- und Innenillustrationen: Margret Schneevoigt

Gartenpläne: Ulrike Aufderheide

Lektorat: Barbara Reis

Satz und Gestaltung: Verlag Die Werkstatt, Göttingen
www.werkstatt-verlag.de

Druck: fgb • freiburger graphische betriebe
www.fgb.de
Printed in Germany

Dieses Buch ist auf Papier aus
100 % Recyclingmaterial gedruckt
und klimaneutral produziert.